集聚阴影区的空间发展研究

李 勇 著

科学出版社

北 京

内 容 简 介

随着社会经济的不断发展，作为描述区域发展不平衡、不充分的“集聚阴影”已引起人们的极大关注。城市群是现在和未来区域经济社会发展的战略增长极，主宰着地区经济发展的命脉。都市圈城市如何通过集群发展，推动中心城市与集聚阴影区实现一体化，促进区域内联动、有序发展，尤其是以旅游业为主导产业的中心城市与周边地区如何通过旅游一体化带动区域发展成为一个重要命题。本书以海南“大三亚”旅游经济圈、“海澄文”省会经济圈为案例，划定集聚阴影区的空间范围，探讨集聚阴影区的形成机制，提出破解之道，以期为区域均衡发展提供理论借鉴。

本书可供政府管理和决策部门，国土空间规划、旅游规划、经济地理学、人口地理学和空间经济学等多领域的科研工作者、社会实践者，以及高等院校师生参考阅读。

审图号：琼 S（2021）095 号

图书在版编目(CIP)数据

集聚阴影区的空间发展研究/李勇著. —北京：科学出版社，2021.9
ISBN 978-7-03-065163-1

Ⅰ. ①集…　Ⅱ. ①李…　Ⅲ. ①区域发展-研究　Ⅳ. ①F061.5

中国版本图书馆 CIP 数据核字（2020）第 085505 号

责任编辑：任锋娟　宋俊美 / 责任校对：王　颖
责任印制：吕春珉 / 封面设计：东方人华平面设计部

科 学 出 版 社出版
北京东黄城根北街 16 号
邮政编码：100717
http://www.sciencep.com
北京中科印刷有限公司　印刷
科学出版社发行　　各地新华书店经销
*
2021 年 9 月第　一　版　　开本：B5（720×1000）
2021 年 9 月第一次印刷　　印张：11 1/2　插页：1
字数：232 000

定价：106.00 元

（如有印装质量问题，我社负责调换〈中科〉）
销售部电话 010-62136230　编辑部电话 010-62137026（HA18）

前　言

集聚阴影区是相对于集聚区而言的，在城市规划、产业规划及区域规划语境中，集聚阴影区是指中心城市周边的弱势地区，常被用来指代区域空间不均衡性。集聚阴影区在旅游空间、城市空间中是一种普遍存在的现象，且具有多级性。就旅游空间而言，热点景区附近的温点或冷点景区等均属于旅游空间集聚阴影区。在城市空间中，城市郊区相对于中心城区、周边卫星城市相对于大城市或特大城市、边缘区相对于都市连绵区，都属于集聚阴影区。因此，集聚阴影区与“边缘区”具有相似性。

海岛不仅是一个独立的地理单元，也是一个相对独立的经济体。岛屿经济体是指一个独立的海岛或一群海岛，开发利用其岛陆、岛滩及环岛海域的陆地资源和海洋资源，以发展经济并具有一定行政、经济组织的地（海）域单元。作为一个岛屿经济体，海南自身的发展能量有限，对外依存度高，必须与外界发生经济、贸易和文化联系。

海南四周环海，地理位置独立完整，是中国最南端和管辖海域面积最大的省份，也是中国唯一的热带岛屿省份。从地缘经济的视角看，海南岛全部处在北回归线以南，是我国南海海上贸易门户及“21 世纪海上丝绸之路”的桥头堡和重要支点，也是我国拓展全球地缘经济空间的重要平台和前沿阵地。但受限于海岛狭窄的地理范围，其资源环境承载力和人口承载力有限，全岛经济与社会的集聚作用等均受到很大制约。因此，岛屿内部市场潜力小、人口规模较小和物流成本高等成为经济发展的掣肘因素。2018 年，正值改革开放 40 周年，海南建省和兴办经济特区 30 周年之际，中共中央、国务院颁发了《中共中央 国务院关于支持海南全面深化改革开放的指导意见》（中发〔2018〕12 号），支持“推动海南成为新时代全面深化改革开放的新标杆，形成更高层次改革开放新格局，探索实现更高质量、更有效率、更加公平、更可持续的发展”，赋予海南省“三区一中心”战略定位，即全面深化改革开放试验区、国家生态文明试验区、国家重大战略服务保障区和国际旅游消费中心。同时，支持海南省建设自由贸易区和探索自由贸易港建设，海南迎来了继国际旅游岛后的第三次重大发展机遇。

海南以南北两个交通枢纽城市（三亚和海口）为中心，形成了“大三亚”旅游经济圈和“海澄文”省会经济圈。作为海南岛社会经济发展较好的南北两极，“大三亚”旅游经济圈、“海澄文”省会经济圈形成了明显的集聚阴影区。“大三亚”旅游经济圈的集聚阴影区包括陵水、保亭和乐东三个县，形成了以旅游空间为主的核心-边缘空间结构。三亚主要以旅游业为主导产业，既是一个旅游专业化城市，也是海南岛南部的门户城市，拥有海南岛南部枢纽型机场——三亚凤凰国际机场，还是“大三亚”旅游经济圈人流进出岛十分便利的城市，在某种程度上，陵水、保亭和乐东三个县的旅游空间发展受制于三亚旅游集聚效应。“海澄文”省会经济圈的集聚阴影区包括文昌、澄迈和定安等周边市县，海口是海南岛的北部枢纽门户城市，整个北部的人流、物流进出岛需要经过海口美兰国际机场，以及海口港等，文昌、澄迈和定安等市县城市空间发展严重依赖于海口，再叠加海口作为省会城市的优势，形成强大的虹吸效应，文昌、澄迈和定安与海口的社会、经济发展差距不断拉大，逐步形成集聚阴影区。海南地理位置特殊，四周靠海，没有“东边不亮西边亮”的地理优势，集聚阴影区要主动与中心城市三亚、海口对接，承接三亚、海口的辐射带动作用，只有这样才能够逐步缩小区域差距，形成区域一体化。

新时期我国社会主要矛盾已经转化为人民日益增长的美好生活需要和不平衡不充分的发展之间的矛盾，由此可见，区域均衡发展已经被提上议事日程。集聚阴影现象作为区域发展不平衡、不充分的主要表现形式之一，引起了政府及学者的重视，虽然有学者对其展开研究，但是对集聚阴影的形成机制尚不清晰，难以形成统一认识。本书通过识别集聚阴影现象、划定集聚阴影空间范围，解析集聚阴影形成机理，提出破解集聚阴影之道，对于解决新时期我国社会主要矛盾，满足人民日益增长的美好生活需要具有重要的理论意义和现实价值，对当前开展的各层次国土空间规划编制工作也有一定的借鉴意义和参考价值。

本书梳理了现有相关理论，提出了基于承载力-集聚力-扩散力（carrying capacity, agglomeration force, diffusive force，CAD）的集聚阴影形成机理。针对“大三亚”旅游经济圈，本书分析了“大三亚”旅游经济圈的演化历程及其旅游空间集聚和空间热点，基于断裂点（breaking point）划定了集聚阴影空间范围，并运用 CAD 模型对其形成机制展开实证分析。针对“海澄文”省会经济圈，本书分析了“海澄文”城镇化水平及其经济发展阶段，探讨了两者之间的关系；采用基于熵权 TOPSIS（technique for order preference by similarity to an ideal solution，优劣解距离法）的区域发展差距评价模型，对“海澄文”发展差距进行测度；并运用社会网络理论，对“海澄文”的交通中心性、产业中心性和吸引力中心性进行了分析；提出了集聚阴影现象的破解之道，重点在于突破体制机制障碍，实现区内人流、物流和资金流的自由流动，形成共生协同局面，从而实现区域一体化。

本书的出版得到了海南省自然科学基金面上项目“大三亚旅游经济圈‘灯下黑’地区旅游业的空间发展研究”（项目编号：417105）、海口市发展和改革委员会“‘海澄文’城市集群发展及海口发展定位研究”、“‘多规合一’改革背景下‘海澄文’区域体制机制创新研究”和陵水黎族自治县发展和改革委员会“陵水县人口承载力评估”等项目资助。

特别感谢我的博士后合作导师中国科学院地理科学与资源研究所樊杰研究员对我的悉心指导。感谢海南省旅游和文化广电体育厅、海口市发展和改革委员会、三亚市旅游和文化广电体育局、文昌市发展和改革委员会、澄迈县发展和改革委员会、保亭黎族苗族自治县旅游和文化广电体育局、陵水黎族自治县发展和改革委员会、陵水黎族自治县旅游和文化广电体育局、乐东黎族自治县旅游和文化广电体育局的领导和相关人员在收集资料、实地调研中给予的大力支持。感谢我的团队成员廖继武（博士）、杨春亮（硕士）、朱志敏（硕士）、代杨（学士）给予的帮助。感谢科学出版社的大力支持，也要感谢本书中引用文献的作者，如在书后遗漏未列出，请原作者谅解。

受本人学术水平和时间的限制，书中难免存在不足之处，敬请读者批评指正。

李　勇

2020年3月10日

目　　录

第一篇　传承与创新

第一篇　传承与创新

第1章 绪 论

1.1 研 究 背 景

集聚阴影（agglomeration shadow）是新经济地理学提出的，是指大城市（或中心城市）对其周边地区的要素吸纳会形成一个不利于小城市增长的阴影区（Burger et al.，2015；Fujita et al.，1999）。亚洲开发银行技术援助项目3970咨询专家组于2005年在一份调查报告中首次提出环京津贫困带的概念，学术界用集聚阴影区描述环京津曾经的贫困带（龙茂乾和孟晓晨，2014）。集聚阴影区是指由于大城市（或中心城区）对资本、劳动力及技术等资源具有强烈的集聚效应，周边弱势地区丧失了应有的发展机遇，社会经济发展缓慢甚至衰退，从而形成了一个类似“集聚阴影”的发展弱势地区（张京祥和庄林德，2000）。

关于集聚阴影区的研究主要集中在基于城市地理学探讨大都市阴影区的形成机制的研究、基于区域发展理论和新经济地理学的大都市阴影区的研究以及基于旅游学科的阴影区理论和实证研究。

1.1.1 基于城市地理学探讨大都市阴影区的形成机制的研究

城市群的发展不仅主宰着国家经济发展的命脉，也主导着中国新型城镇化的未来（方创琳等，2015）。截至2015年，中国已形成了11个国家级城市群，13个区域级城市群。受多种因素的制约，城市群内部的某些城市，或邻近中心城市的周边城市经济发展相对落后，导致其与城市群整体经济发展水平并不匹配，形成了城市群中的大都市阴影区（孙建欣和林永新，2013；孙东琪等，2013）。当前，关于大都市阴影区的研究相对不多，且主要集中在大都市阴影区形成机制的研究方面。国外主要以土地利用类型来界定大都（城）市阴影区（Lincoln et al.，1992；McGee，1991；Gallent，2006；Nan，2001；Ginsburg et al.，1991）。Sharma和Chandrasekhar（2014）研究了印度城市阴影区的形成机制，认为印度城市阴影区的扩展与城乡间的经济活动及通勤工人有关。在国内，张京祥和庄林德（2000）从城市地理学集聚-扩散的角度阐述了大都市阴影区的演化机理，并以南京为例提出了消减对策。孙东琪等（2013，2014）通过假设前提条件，仅从区域产业空间联系的角度，认为中心城市与其邻近的外围地区的产业联系强度弱化是造成大都市阴影区形成的关键因素。

1.1.2 基于区域发展理论和新经济地理学的大都市阴影区的研究

一方面，如吕贵等（2010）、汪䰱（2012）、龙茂乾和孟晓晨（2014）主要针对京津冀城镇群、上海郊区、武汉经济圈和河北平原贫困县等大都市集聚阴影地区展开描述性研究；龙茂乾和孟晓晨（2014）根据新经济地理学，认为交通成本的改变对中心-外围结构的形成与演变有重要影响，从交通成本的角度研究北京集聚阴影问题。另一方面，汪䰱（2012）、王永军和杨英法（2012）主要针对大都市集聚阴影地区展开对策性研究；汪䰱（2012）归纳出城乡统筹与区域统筹的相容性理论，并以武汉城市圈为例，提出一系列促进集聚阴影地区发展的措施。

1.1.3 基于旅游学科的阴影区理论和实证研究

旅游阴影区是指在旅游业发展中，受到旅游优势区遮蔽效应的影响，处于旅游发展的温点或冷点，表现出一定的非显性特质的地区，其实质为同类型旅游资源景区间的空间竞争（胡青云和张铁成，2009）。20 世纪 90 年代初，我国旅游学者王衍用（1999）从旅游学科的角度提出了阴影区理论，认为阴影区是资源区位问题的一个方面，也称为热影区理论。随之出现了一批关于阴影区的理论研究，如旅游地屏蔽理论（许春晓，1993，2001）、旅游形象遮蔽和形象叠加理论（杨振之和陈谨，2003）、旅游阴影区发展的博弈分析（胡青云和张铁成，2009）。关于旅游地空间竞争也出现了大量的实证性研究。在 20 世纪 90 年代，保继刚（1991）、保继刚和梁飞勇（1994）分别对海滨沙滩旅游资源，云南路南大石林、小石林、乃古石林，以及皖南黄山、九华山和齐云山进行了空间竞争力分析。到 21 世纪初，对旅游阴影区理论的运用主要集中在市场营销（王光辉等，2012）、形象定位（陈开勤，2012）、旅游资源开发（陆然，2013）等方面。

本书将承载力概念引入集聚-扩散模型，构建阐述集聚阴影形成机制的 CAD 模型，不但将城市地理学和空间经济学关于阴影区的形成机制的研究成果，用于解释集聚阴影旅游空间和城市空间的形成机制，同时，也创新发展了阴影区的理论，是对大都市阴影区研究的拓展和深化。本书选取典型滨海旅游地区——“大三亚”旅游经济圈和“海澄文”省会经济圈作为样本，对其旅游空间和城市空间集聚阴影展开研究，可以指导集聚阴影区城市和旅游业的规划、开发和建设，有利于促进其可持续发展；避免集聚阴影区城市和旅游业的无序竞争与低水平开发，有利于提高集聚阴影区的整体竞争力，对类似滨海地区城市空间和旅游空间的可持续发展提供示范。

1.2 研究目标和内容

1.2.1 研究目标

1. 集聚阴影旅游空间发展

以“大三亚”旅游经济圈为研究区域，分析其演化历程，并对集聚阴影旅游空间范围进行圈定；基于空间经济学、城市地理学等相关理论，构建集聚阴影理论模型，解析集聚阴影的形成机制；提出旅游空间一体化的发展对策。

2. 集聚阴影城市空间发展

以“海澄文”省会经济圈为研究区域，分析集聚阴影与中心城市之间城镇化和经济发展阶段的关系，以及测度两者之间在社会、经济和人居环境方面的差距；采用社会网络分析方法，从交通中心性、产业中心性和吸引力中心性方面解析集聚阴影城市空间的形成机制，提出城市空间一体化发展对策。

1.2.2 研究内容

1. 集聚阴影空间范围的界定

采用网络爬虫技术，收集景区、酒店和饭店等旅游企业的兴趣点（point of interest，POI）数据；运用 ArcGIS 软件，分析景区、酒店和饭店的空间分布及其影响因素；基于空间自相关，分析旅游企业的空间热点；运用城市引力模型——断裂点模型，划定集聚阴影的空间范围和中心城市的吸引力范围。

2. 集聚阴影空间形成机制研究

（1）旅游空间集聚阴影形成机制研究

将资源环境承载力、人口承载力等概念和方法引入集聚-扩散模型，创新构建集聚阴影的形成机制，完善核心-边缘理论。

（2）城市空间集聚阴影形成机制研究

以中心城市与集聚阴影城市的空间联系为切入点，采用社会网络分析方法，分析中心城市的交通、产业和吸引力的中心性；通过分析中心城市与集聚阴影城市空间的联系强度，探讨城市空间集聚阴影形成机制。

3. 集聚阴影空间发展阶段和空间格局研究

（1）集聚阴影空间的发展阶段

针对旅游空间而言，根据不同时期集聚阴影旅游空间发展规模、旅游人数、旅游收入及产业结构的演变，将集聚阴影旅游空间分为若干阶段，阐述各阶段发展状况，归纳各发展阶段特征。针对城市空间而言，根据不同时期集聚阴影城市空间的城镇化率和人均国内生产总值（gross domestic product，GDP）等数据，结合罗斯托（Rostow）经济发展阶段划分理论和钱纳里（Chenery）的经济发展阶段划分理论，将集聚阴影城市空间划分为若干阶段，归纳发展阶段的特征。

（2）集聚阴影产业空间格局分析

采用网络爬虫技术，收集景区、酒店和饭店等旅游企业的POI数据，运用ArcGIS软件中的空间分析模块，分析景区、酒店和饭店的空间分布，并探讨其影响因素。

4. 集聚阴影空间发展对策

破除中心城市与集聚阴影之间的互动障碍，促进人流、物流和资金流的自由流动，提出基于区域一体化发展目标的空间共生发展策略。此外，针对热带雨林国家公园、乡村振兴及全域旅游等热点、难点问题，提出相应的发展对策。

第 2 章　集聚阴影区理论和技术方法

2.1　集聚阴影区的空间界定

2.1.1　断裂点理论

康弗斯（Converse）在 1949 年提出了断裂点理论，该理论将相邻两个城市间的吸引力达到平衡的点定义为断裂点。一个城市对周围地区的吸引力与它的规模成正比，与距离的平方成反比。断裂点是城市空间影响力的研究方法，其计算公式为（许学强等，2007）

$$d_A = \frac{D_{AB}}{1+\sqrt{\dfrac{P_B}{P_A}}} \text{或} d_B = \frac{D_{AB}}{1+\sqrt{\dfrac{P_A}{P_B}}} \tag{2.1}$$

式中，d_A、d_B 为 A、B 两个城市到断裂点的距离；D_{AB} 为 A、B 两城市间的距离；P_A、P_B 分别为 A、B 两个城市的规模。

2.1.2　Huff 模型

Huff（哈夫）模型属于吸引力模型的一种，是吸引力模型的一般模式。本章利用 Huff 模型对中心城市的影响腹地进行界定，计算公式为（Berry and Lamb，1974）

$$P_{ij} = \frac{U_j}{\sum_{k=1}^{n} U_k} = \frac{S_j d_{ij}^{-\beta}}{\sum_{k=1}^{n} S_k d_{ij}^{-\beta}} \tag{2.2}$$

式中，P_{ij} 为腹地城市（县城）i 到中心城市 j 的概率；U_j 和 U_k 分别为选择中心城市 j 和中心城市 k 的效用；k 为所有可能的选择，即 $k=1,2,\cdots,n$。

在实际应用时，一般某中心城市的势能与其城市吸引力成正比，与腹地城市和中心城市间的交通距离成反比。S_j 为中心城市 j 的综合规模值，而 d_{ij} 为腹地城市 i 到中心城市 j 的交通路网距离（利用 ArcGIS 中的网络分析模块，获得腹地城市到中心城市的交通路网距离）。β 为距离摩擦系数，取值为 2。而 $S_j d_{ij}^{-\beta}$ 通常称为势能，是衡量中心城市对腹地城市吸引强度的特征量，即中心城市 j 对腹地城市 i

的吸引力。由此得到的城市影响范围是互相重叠的，城市影响范围的边界就是由外围县城中受该城市影响最大的县城组成的。

2.1.3 空间自相关

空间相关性可以用来度量一个区域分布的地理事物和其他事物同种属性之间的关系，而空间自相关是统计学的一种方式，也是探索性空间数据分析（exploratory spatial data analysis，ESDA）的核心。空间自相关可以分为正相关和负相关，当属性值与位置无关时，空间自相关为 0；当位置相似的观测单元的属性值倾向于相似时，存在正的空间自相关；当空间上紧密相连的观测单元的属性比更远的属性倾向于更加不相似时，存在负的空间自相关。空间自相关还可以分为全局自相关和局部自相关，根据空间自相关的特点，利用空间自相关对圈层空间考察范围中的大都市阴影区进行界定（潘竟虎和姚缘平迎，2017）。

2.2 集聚阴影区的形成机制

2.2.1 增长极理论

1955 年，法国经济学家弗朗索瓦·佩鲁（Francois Perroux）提出增长极概念。安虎森（1997）总结了增长极理论的发展历程：20 世纪 50 年代的增长极理论侧重经济空间中的推进型企业和主导部门，60～70 年代的增长极理论侧重地理空间中的城市增长中心，而 80 年代以来的增长极战略侧重流空间的节点和学习创新赖以发生的创造场与学习场。要保证增长极战略和政策的成功，增长极本身的科学选择及其战略重点的有效确立和实施非常重要。在增长极的选择上，应将增长极看作由推进型企业、推进型企业所在的主导部门、主导部门所在的城市增长中心、城市增长中心所在的流空间节点、流空间节点所嵌入的创造场和学习场等共同组成的复杂经济系统；在增长极战略重点的确立和实施上，应以明确增长极在流空间中的功能定位为前提，以营造创新场和学习场为基础，以提升学习创新能力为核心，以培育具有竞争力的产业集群为抓手，着力提升增长极在流空间的黏性作用和抛锚能力，发挥城市增长中心的集聚效应，大力培育和引进具有创新技术的推进型企业及其关联企业。

2.2.2 中心地理论

1933 年，德国地理学家瓦尔特·克里斯塔勒（Walter Christaller）通过对德国南部城市和中心聚落的调查，提出了中心地理论。中心地是周围区域的中心，是向周围地区消费者提供各种商品和服务的地方。中心地可以是一个城市、一个居民聚居点或一个商业服务业中心。旅游中心地是指旅游中心性达到某一强度的城镇中心，即具有一定强度的对外旅游服务功能的城镇中心，也即能够面向城镇外区域内的旅游吸引物或为城镇外游客提供一定强度的旅游交通、接待、信息、管理等对外旅游服务功能的城镇中心（柴彦威等，2003）。不同的旅游中心地具有不尽相同的旅游中心性，可以划分出旅游中心地的等级。城镇的旅游中心性受城市发展状况、交通能力、旅游服务接待能力、所服务的旅游吸引物等一系列因素的影响，根据旅游中心地理论，挑选相应要素（表 2.1）（柴彦威等，2003），对其代表性变量进行量化，加权综合得到旅游中心性指数。

表 2.1　旅游中心性的要素

要素	子要素	要素	子要素
交通能力	航空	接待能力	宾馆个数及规模
	高速公路		饭店个数及规模
	铁路		从业人员数量
	一级（含）以下等级公路		宾馆、饭店营业收入
	航运		公共汽车数量
城市特征	人口规模	旅游资源	旅游资源数量
	经济实力		旅游资源等级
	基础设施规模		旅游人数
	产业结构		旅游收入
商业及服务业	商店个数及规模	旅游管理能力	管理机构数目与人员
	特色旅游商品		管理机构等级与能力
	旅行社		管理体制
	导游系统		

2.2.3　核心-边缘理论

1966 年，美国区域规划专家约翰·弗里德曼（John Friedman）完整地提出核心-边缘理论模式。该理论提供了一个关于区域空间结构和形态变化的解释模型，并且把这种区域空间结构关系与经济发展的阶段相联系。

旅游涉及游客、客源地、目的地及以交通为主的中间服务环节，叠加旅游资源的不可移动性、旅游服务与旅游产品的不可分割性及游客的交通成本，旅游实现的空间过程及所表现出的空间不平衡性十分复杂（卞显红，2009）。

2.2.4 集群理论

产业集群是指在一定空间内集中分布的具有一定经济联系的产业或企业，它们享有类似或相同的市场、原料供应和城市基础设施（杨振山等，2012）。产业集群的经济学原理可以追溯到马歇尔（Marshall）的集聚经济。马歇尔在 1890 年的《经济学原理》中论述了经济要素聚集作用可以解释为经济、技术和劳动力的外部性的理论。地理上相互邻近可以促进专业化投入和服务的发展，有利于劳动力共享和知识外溢，达到经济上的外部规模性，并最大限度地节省企业生产成本。产业聚集可以分为地方化经济（localization economies）和城市化经济（urbanization economies）。地方化经济是产业专业化（specialization）发展的结果，而城市化经济是多样化（diversification）发展的结果（Moomaw，1983；Feser，1998）。

旅游产业集群是旅游核心吸引物、旅游企业及旅游相关企业和部门，为了共同的目标，在地理空间上集聚，并由此形成旅游产业核心竞争力或持续优势的一种现象（王润和刘家明，2012）。对旅游产业集群的概念已基本达成共识（王润和刘家明，2012）：首先，旅游产业集群表现为旅游产业各要素在空间上的集中。旅游产业集群是一种区域现象，要素的集聚是其重要表现。其次，旅游产业集群强调集群主体的良性合作，强调集群相关要素的协作、创新、网络联系与规模经济。最后，旅游产业集群机构之间一般具有垂直分工的特征。

2.2.5 社会网络理论

社会网络理论采用图论工具、代数模型技术来描述关系模式，并探究这些关系模式对结构中的成员（城市）或整体的影响（罗家德，2015）。社会网络方法为研究区域城市网络结构提供了可视化的分析工具。社会网络分析理论中，分析中心性常用的测度指标包括网络密度和网络中心度。

1. 网络密度

网络密度是通过城市在网络中实际存在的关系数量与理论上可能存在的关系数量之比，反映了网络中各个成员之间交流合作的紧密程度。网络密度的计算公式为（罗家德，2015）

$$D=\sum_{i=1}^{k}\sum_{j=1}^{k}\frac{d(n_i,n_j)}{g(g-1)} \tag{2.3}$$

式中，D 为网络密度；g 为城市节点总数；$d(n_i,n_j)$ 为城市 i 和城市 j 存在的联系数量。网络密度越大，成员之间的联系越多。

2. 网络中心度

网络中心度用来衡量城市处于网络中心的程度，反映了城市在不同区域范围内参与活动程度和影响力，包括程度中心度、亲近中心度、中介中心度。

（1）程度中心度

程度中心度是根据区域城市网络中的连接数来衡量节点在网络中的中心程度。程度中心度越高，则说明该城市节点在区域中越活跃，影响力越大。根据不同城市的联系方向和强度，程度中心度又分为点出度和点入度。其中，点出度即影响其他城市的程度；点入度即受其他城市影响的程度。程度中心度的计算公式为（罗家德，2015）

$$C'_{\mathrm{D}}(n_i)=\frac{d(n_i)}{g-1} \tag{2.4}$$

式中，$C'_{\mathrm{D}}(n_i)$ 为程度中心度；$d(n_i)$ 为城市 i 的关系数量加总；g 为网络中城市节点的总数。

$d(n_i)$ 在点出度的计算中，代表城市 i 对外关系数量的总和；在点入度的计算中，则代表其他城市对城市 i 关系数量的总和。

（2）亲近中心度

亲近中心度用距离概念来测量某一节点城市的中心程度。亲近中心度越高，表明该城市和其他城市越易联系。亲近中心度的计算公式为（罗家德，2015）

$$C'_{\mathrm{C}}(n_i)=\left[\sum_{j=1}^{g}d_i(n_i,n_j)\right]^{-1} \tag{2.5}$$

式中，$C'_{\mathrm{C}}(n_i)$ 为亲近中心度，$C'_{\mathrm{C}}(n_i)$ 值越小表示城市 i 与其他各节点城市的距离越大，越不易于与其他城市联系；$d_i(n_i,n_j)$ 为城市 i 和城市 j 之间的距离；g 为网络中城市节点的总数。

（3）中介中心度

中介中心度衡量城市对资源配置的影响能力。中介中心度的计算公式为（罗家德，2015）

$$C'_{\mathrm{B}}(n_i)=\frac{\sum_{j<k}g_{jk}(n_i)/g_{jk}}{(g-1)(g-2)} \tag{2.6}$$

式中，$C'_{\mathrm{B}}(n_i)$ 为中介中心度；g_{jk} 为城市 j 和城市 k 之间存在的捷径数目；$g_{jk}(n_i)/g_{jk}$ 为城市 i 能够控制城市 j 和城市 k 联系的能力，即城市 i 处于城市 j 和城市 k 之间捷径上的概率；g 为网络中城市节点的总数。

2.2.6 资源环境承载力评价与超载类型

1. 资源环境承载力评价

资源环境承载力包括了水环境承载力、生态承载力、水资源承载力和土地资源承载力。

（1）水环境承载力评价

水环境承载力采用水污染物浓度超标指数来表征。以各控制断面 DO（溶解氧）、COD_{Mn}（高锰酸盐指数）、BOD_5（五日生化需氧量）、COD_{Cr}（重铬酸盐指数）、NH_3-N（氨氮）、TN（总氮）、TP（总磷）等主要污染物年均浓度与该项污染物在一定水质目标下水质标准限值的差值作为水污染物超标量。相关计算公式为

$$R_{水jk} = \max_i(R_{水ijk}) \tag{2.7}$$

$$R_{水j} = \frac{\sum_{k=1}^{N_j} R_{水jk}}{N_j} \tag{2.8}$$

式中，$R_{水ijk}$ 为区域 j 第 k 个断面第 i 项水污染浓度超标指数；$R_{水jk}$ 为区域 j 第 k 个断面的水污染物浓度超标指数；$R_{水j}$ 为区域 j 的水污染物浓度超标指数；N_j 为区域 j 断面数量。

（2）生态承载力评价

土壤侵蚀模数采用通用水土流失方程 RUSLE 估算（李丽等，2010）。石漠化是一种土地退化类型。土地石漠化通过植被覆盖度估算能描述生态系统的现状及区域生态系统的环境变化过程。

生态承载力采用生态系统健康度为衡量指标，对水土流失和土地石漠化等在 ArcGIS 中进行空间叠加，当存在中度及以上的生态问题时，根据已经发生生态退化的土地面积比例及程度进行评价。相关计算公式为

$$H = \frac{A_{\mathrm{d}}}{A_{\mathrm{t}}} \tag{2.9}$$

式中，H 为生态系统健康度；A_{d} 为中度及以上退化土地面积，包括中度及以上的水土流失和土地石漠化面积；A_{t} 为评价区土地总面积。

根据中度及以上生态退化土地面积比例来确定评价区域的生态系统健康度状况，分为高、中和低 3 个等级。

（3）水资源承载力评价

水资源承载力从水量、水质和水生态 3 个方面展开评价。水量要素根据现状年用水总量、地下水开采量等指标进行评价；水质要素根据评价单元水功能区水

质达标率、污染物入湖量等指标进行评价（李云玲等，2017）；水生态要素根据生态环境用水和地下水开采量评价指标，综合判定水生态承载状况。

（4）土地资源承载力评价

土地资源承载力采用土地资源压力指数来评价。对比分析现状建设开发程度与适宜建设开发程度阈值，通过二者的偏离度计算确定土地资源压力指数。相关计算公式为

$$D = \frac{(P - T)}{T} \tag{2.10}$$

式中，D 为土地资源压力指数；P 为现状建设开发程度；T 为基于聚集度分析测算的适宜建设开发程度阈值。

2. 超载类型

（1）水环境承载力超载类型

污染物浓度超标指数用 R 表示。研究经验表明（刘年磊等，2017），当 $R>2$ 时，可划定为重度超载状态；当 R 介于 1～2 时，划定为中度超载状态；当 R 介于 0～1 时，划定为轻度超载状态；当 R 介于−0.2～0 时，划定为临界超载状态；当 $R<-0.2$ 时，划定为不超载状态。

（2）生态承载力超载类型

生态系统健康度用 H 表示。研究经验表明（刘年磊等，2017），当 $H>60\%$，生态系统健康度低，退化土地面积比例大，状态为超载状态；当 H 为 30%～60% 时，生态系统健康度中等，退化土地面积比例中等，状态为临界超载状态；当 $H<30\%$时，生态系统健康度高，退化土地面积比例低，状态为未超载状态。

（3）水资源承载力超载类型

采取短板效应，根据水量、水质、水生态要素评价结果，综合评价水资源承载状况（李云玲等，2017）。水量、水质和水生态任一要素超载，则水资源承载力划定为超载状态；水量、水质和水生态要素中任一要素为临界超载，则水资源承载力划定为临界超载状态；水量、水质和水生态要素均不超载，则水资源承载力划定为不超载状态。

（4）土地资源承载力超载类型

土地资源压力指数用 D 表示。研究经验表明（贾克敬等，2017）：当 $D\geqslant 0$ 时，土地资源压力大，处于超载状态；当 D 介于−0.3～0 时，土地资源压力中等，处于临界超载状态；当 $D<-0.3$ 时，土地资源压力小，处于可载状态。

（5）综合承载超载类型

采取短板效应进行综合集成。集成指标中任意一个超载或两个以上临界超载，确定为超载类型；任意一个临界超载，确定为临界超载类型；其余为不超载类型。

2.2.7 人口承载力评价

根据流动性，人口被分为常住人口和旅游人口（非常住人口）。因此，人口承载能力综合评价分为常住人口承载力评价和旅游人口承载力评价。

1. 常住人口承载力评价

（1）常住人口土地资源承载力评价

城镇和乡村的常住人口承载力均采用基本空间标准方法评价。其计算公式如下：

$$C_p = \frac{A}{\alpha} \tag{2.11}$$

式中，C_p 为常住人口土地资源承载力（单位：人）；A 为建设用地的空间规模（单位：m^2）；α 为人均建设用地标准（单位：m^2/人）。

城镇与乡村人均建设用地标准如表 2.2 所示。

表 2.2 城镇与乡村人均建设用地标准

<table>
<tr><th>类别</th><th>海南省人均建设用地标准</th><th>数据来源</th><th>国家人均建设用地标准</th><th>数据来源</th></tr>
<tr><td>城镇建设用地</td><td>大于 80m² 且小于 100m²</td><td>《海南省小城镇规划编制技术导则》（试行）（海南省住房和城乡建设厅，2011）</td><td>200m²</td><td rowspan="2">《镇规划标准》（中华人民共和国建设部、中华人民共和国国家质量监督检验检疫总局，2007）</td></tr>
<tr><td>乡村建设用地</td><td>140m²</td><td>《海南省村庄规划编制技术导则》（试行）（海南省住房和城乡建设厅，2011）</td><td>200m²</td></tr>
</table>

将极限常住人口的比例关系作为判别土地资源承载力的关键阈值，从而确定县域各评价单元的土地资源人口承载力的超载、临界超载和不超载状态。评价标准如下：极限常住人口土地资源承载力的 80%为临界超载限值，低于极限常住人口承载力的 80%为不超载，高于极限常住人口承载力的 80%且低于极限常住人口承载力为临界超载，超过极限常住人口承载力的为超载。

（2）常住人口水资源承载力评价

常住人口水资源承载力采用人均水资源基本标准评价。计算公式如下：

$$W_p = \frac{B}{\beta} \tag{2.12}$$

式中，W_p 为常住人口水资源承载力（单位：人）；B 为水资源总量规模（单位：m^3）；β 为人均水资源标准（单位：m^3/人）。

根据联合国的规定（Dou，2015），人均水资源丰水线为 3 000m^3/人，警戒线为 1 700m^3/人，下限为 1 000m^3/人。因此，常住人口水资源承载力分为丰水线人口承载力、警戒线人口承载力和下限人口承载力。

（3）常住人口水环境承载力评价

常住人口水环境承载力根据水环境要求、当前污染控制水平，以及可预期的污染控制技术与水平和最大人口水环境承载力进行推算。计算公式如下：

$$Q \leqslant (Z_1 - Z_2) \tag{2.13}$$

式中，Q 为污染物入河（库）量，即城镇生活污染（服务业污染、农村生活污水污染、农田面源污染、农业固废污染及其他污染之和）；Z_1 为目标值；Z_2 为水环境背景值。

城镇生活污染负荷氨氮产生系数和农村生活污染负荷氨氮产生系数分别为 7.52L/（d·人）（国务院第一次全国污染源普查领导小组办公室，2008）、4.39L/（d·人）（王文林等，2010）。

（4）常住人口经济承载力评估

常住人口经济承载力是指在一定时间和空间范围内，某一区域在经济社会可持续发展前提下能够承载的最大常住人口数量。常住人口经济承载力指数的计算公式为

$$E = \frac{\text{区域实际人口} \times \text{全国人口GDP}}{\text{区域GDP}} \tag{2.14}$$

式中，$E<1$，则区域经济还有富余人口承载力；$E>1$，则区域经济人口处于超载水平；$E=1$，则区域经济人口承载力与全国平均水平平衡。

在此，假设全国总人口规模是适度的，且部分与整体性质一致，那么通过区域 GDP 与全国人口适度规模下的人均 GDP 比率，就可以测算区域相对于全国 GDP 人口数量是否平衡。

2. 旅游人口承载力评价

（1）旅游人口资源承载力评价

一个大型的旅游景区常常由几个次一级的景区或景点构成，若游客只是有选择地游览部分景区（尤其是当各分景区相距较远且独立收取门票时），一般是将几个分景区的计算结果相加，具体公式如下:

$$\text{TSCC} = \frac{\sum_{j=1}^{n} M_j}{M_0} \times \frac{T_0}{T_j} + \frac{\sum_{i=1}^{m} N_i}{N_0} \times \frac{T_0}{T_i} + C \tag{2.15}$$

式中，TSCC 为某一景区的旅游人口资源承载力（单位：人）；M_j 为景区内第 j 个景点的游览活动区面积（单位：m^2）；M_0 为面状游览区的人均基本空间标准（单

位：m^2/人），根据国内外的研究情况，一般取 $10m^2$/人；T_0 为景区的开放时间；T_j 为游客在第 j 个景点的平均游览时间；N_i 为景区内第 i 段游览步道长度（单位：m）；N_0 为游览步道基本空间标准（单位：m/人），一般取 5m/人；T_i 为游客在第 i 段游览步道上的平均游览时间；n 为景区内的景点数；m 为景区内的游览步道数；C 为景区的非活动区接待游客数量，这部分容量一般较小，常忽略不计。

若景区内存在需要限入的游览盲端，需用卡口容量法计算后再计入景区空间环境容量之中。

（2）旅游人口环境承载力评价

旅游人口环境承载力主要是指旅游人口水环境承载力，即在保证水环境安全的前提下，所能够承受的最大旅游人口数。计算公式如下：

$$F=\frac{\sum_{i=1}^{n}S_iT_i+\sum_{i=1}^{n}Q_i}{\sum_{i=1}^{n}P_i} \tag{2.16}$$

式中，F 为水环境常住人口最大数量；P_i 为每个常住人口产生的第 i 种污染物量；S_i 为自然生态环境净化吸收第 i 种污染物量；T_i 为各种污染物的自然净化时间；n 为污染物种类数；Q_i 为人工处理掉的第 i 种污染物的量。

（3）旅游人口经济承载力评价

旅游人口经济承载力包括旅游内部经济因素（即旅游设施）和旅游外部经济因素（即基础设施、支持性产业等）。本章主要采用旅游设施（景区内停车场、酒店）对旅游人口经济承载力进行评价。

1）景区停车场承载力的计算公式如下：

$$T=\left(\frac{K_1\times M_{\mathrm{d}}/M_0}{K_2\times N_{\mathrm{x}}/N_0}\right)\times\frac{T_0}{T_i}+C \tag{2.17}$$

式中，T 为旅游人口最大经济承载力（单位：人）；K_1 为大车的载客人数；K_2 为小车的载客人数；M_{d} 为景区提供给大车的停车面积；N_{x} 为景区提供给小车的停车面积；M_0 为单位大车所占停车面积；N_0 为单位小车所占停车面积；T_0 为景区游览开放时间；T_i 为游客第 i 次游览的时间；C 为一定的游客量。

2）酒店承载力的计算公式如下：

$$C_{\mathrm{b}}=\sum_{i=1}^{m}B_i \tag{2.18}$$

式中，C_{b} 为住宿床位决定的旅游人口经济承载力；B_i 为第 i 类住宿设施床位数。

3. 人口综合承载力评价

内梅罗综合指数法主要用于环境风险评价（李勇等，2010a）。由于该方法在反映各种污染物的协同作用和评价各类环境要素的污染程度等方面有较好的科学性，为了兼顾单项承载力指数平均值和最高值，突出影响较大的资源、环境和经济因子的作用，本章尝试将该方法用于人口综合承载能力评价。修正内梅罗指数法不限制参评污染因子数量，主要以 $F_{j,\max} / F_{j,\text{ave}}$ 作为修正的必要条件。当该比值不大于 5 时，典型内梅罗指数法具有适用性，故不做修正；比值大于 5 时，需要进行修正（韩术鑫等，2017）。单项人口承载力指数以实际常住人口和各资源环境、经济的极限人口相比，除去量纲计算。

$$P_i = \frac{C_i}{S_i} \tag{2.19}$$

$$P_{综合} = \sqrt{\frac{(\bar{P})^2 + P_{i,\max}^2}{2}} \tag{2.20}$$

式中，P_i 为人口承载力指数；C_i 为实际常住人口；S_i 为各资源环境、经济的极限人口；$P_{综合}$ 为人口综合承载力指数；$\bar{P}$ 为单项人口承载指数的平均值；$P_{i,\max}$ 为单项人口承载指数的最大值。

人口承载力指数分级标准如表 2.3 所示。

表 2.3　人口承载力指数分级标准

P_i	$P_i \leqslant 1$	$1<P_i \leqslant 2$	$2<P_i \leqslant 3$	$P_i>3$
承载水平	可载	轻度超载	中度超载	重度超载

2.2.8　空间集聚指标

区位熵又称专门化率，由哈盖特（Haggett）首先提出并运用于区位分析中，用来衡量某一区域要素的空间分布情况，反映某一产业部门的专业化程度，以及某一区域在高层次区域中的地位和作用等。在产业结构研究中，运用区位熵指标可以分析区域优势产业的状况。通过计算某一区域某一产业的区位熵，找出该区域该产业是否具有优势，并根据区位熵 L 值的大小来衡量其集聚度。$L>1$，表明该产业在区域内集聚度高，竞争力强；$L<1$，表明集聚度比较低，竞争力较弱；L 越接近 1，表明该产业越接近平均水平；$L=1$，即表明产业相对专业化；$L>1.12$，表明高水平的专业化。区位熵的计算公式为（赵宏亮，2019）

$$L = \frac{P_{ij} / P_j}{P_i / P} \tag{2.21}$$

式中，L 为区位熵；P_{ij} 为区域 j 产业 i 的总产值；P_j 为区域 j 所有产业生产总值；P_i 为所有区域产业 i 的总产值；P 为所有区域所有产业生产总值。

2.2.9 基于熵权 TOPSIS 的区域发展差距评价模型

1. 熵权法简介

从熵的概念可知，依托决策信息量可以提高决策精度，熵在多目标决策与评价中是一个非常理想的尺度（雷勋平等，2012）。在搜集和掌握指标评价原始数据后，据此确定权重，能客观真实地反映指标数据中的隐含信息，提高指标的分辨率，避免因指标差异过小导致的选择偏差，故能全方位地反映指标信息。熵权表征指标竞争相对激烈程度，一般而言，指标熵越大，熵权越小，表示该指标越不重要；反之亦然。

2. TOPSIS 模型简介

TOPSIS 模型是系统工程中常用的决策模型，主要用来解决有限方案多目标决策问题，是一种将距离作为评价标准的综合评价法（李灿等，2013）。它通过定义目标空间中的某一测度，据此计算目标靠近/偏离正、负理想解的程度，既可以评估区域发展水平，也能够全面客观地反映区域发展水平的动态及变化趋势。

3. 标准化评价矩阵构建

设区域资源环境承载力问题的原始评价指标矩阵为

$$\boldsymbol{v}=\begin{bmatrix} v_{11} & v_{12} & \cdots & v_{1j} \\ v_{21} & v_{22} & \cdots & v_{2j} \\ \vdots & \vdots & & \vdots \\ v_{i1} & v_{i2} & \cdots & v_{ij} \end{bmatrix} \tag{2.22}$$

式中，$\boldsymbol{v}$ 为初始评价矩阵；v_{ij} 为第 i 个指标第 j 年的初始值。

要得到标准化评价矩阵，可以采用归一化方法对原始数据进行处理，对于收益（越大越好）指标，处理方法见式（2.23）；对于成本（越小越好）指标，处理方法见式（2.24）。故得到标准化矩阵。

$$\gamma_{ij}=\frac{v_{ij}-\min(v_{ij})}{\max(v_{ij})-\min(v_{ij})} \tag{2.23}$$

$$\gamma_{ij}=\frac{\max(v_{ij})-v_{ij}}{\max(v_{ij})-\min(v_{ij})} \tag{2.24}$$

$$\boldsymbol{R}=\begin{bmatrix}\gamma_{11} & \gamma_{12} & \cdots & \gamma_{1j}\\ \gamma_{21} & \gamma_{22} & \cdots & \gamma_{2j}\\ \vdots & \vdots & & \vdots\\ \gamma_{i1} & \gamma_{i2} & \cdots & \gamma_{ij}\end{bmatrix} \tag{2.25}$$

式中，$\boldsymbol{R}$ 为标准化后的评价矩阵；γ_{ij} 为第 i 个指标第 j 年的标准化值。

4. 指标权重确定

熵权法能有效兼顾指标 C_i 的变异程度，客观反映其重要性，熵权计算公式为

$$w_{ij}=\frac{1-H_i}{m-\sum_{i=1}^{m}H_i} \tag{2.26}$$

式中，$H_i=\frac{1}{\ln n}\sum_{j=1}^{n}f_{ij}\ln f_{ij}$，称为信息熵，其中，$f_{ij}=\frac{\gamma_{ij}}{\sum_{j=1}^{n}\gamma_{ij}}$，称为指标的特征比重；$\ln 1=0$。

5. 基于熵权的评价矩阵构建

为进一步提高区域资源环境承载力评价矩阵的客观性，可以借助加权思想，运用熵权 w_i 构建加权规范化评价矩阵 $\boldsymbol{Y}$，具体计算公式为

$$\boldsymbol{Y}=\begin{bmatrix}y_{11} & y_{12} & \cdots & y_{1j}\\ y_{21} & y_{22} & \cdots & y_{2j}\\ \vdots & \vdots & & \vdots\\ y_{i1} & y_{i2} & \cdots & y_{ij}\end{bmatrix}=\begin{bmatrix}r_{11}\cdot w_1 & r_{12}\cdot w_1 & \cdots & r_{1j}\cdot w_1\\ r_{21}\cdot w_2 & r_{22}\cdot w_2 & \cdots & r_{2j}\cdot w_2\\ \vdots & \vdots & \vdots & \vdots\\ r_{i1}\cdot w_i & r_{i2}\cdot w_i & \cdots & r_{ij}\cdot w_i\end{bmatrix} \tag{2.27}$$

式中，y_{ij} 为第 i 个指标第 j 年加权后的规范化值；r_{ij} 为第 i 个指标第 j 年的标准化值。

6. 正负理想解确定

设 Y^+ 为评价数据中第 i 个指标在 j 年内的最大值，即最偏好方案值，则将其称为正理想解；Y^- 为评价数据中第 i 个指标在 j 年内的最小值，即最不偏好方案值，则将其称为负理想解。

$$Y^+=\left\{\max_{1\leqslant i\leqslant m} y_{ij}\,\middle|\, i=1,2,\cdots,m\right\}=\left\{y_1^+,y_2^+,\cdots,y_m^+\right\} \tag{2.28}$$

$$Y^-=\left\{\max_{1\leqslant i\leqslant m} y_{ij}\,\middle|\, i=1,2,\cdots,m\right\}=\left\{y_1^-,y_2^-,\cdots,y_m^-\right\} \tag{2.29}$$

7. 距离计算

采用欧氏距离计算公式。令 D_j^+ 为第 i 个指标与 y_i^+ 的距离，D_j^- 为第 i 个指标与 y_i^- 的距离，则有

$$D_j^+ = \sqrt{\sum_{i=1}^{m}(y_i^+ - y_{ij})^2} \tag{2.30}$$

$$D_j^- = \sqrt{\sum_{i=1}^{m}(y_i^- - y_{ij})^2} \tag{2.31}$$

式中，y_{ij} 为第 i 个指标第 j 年加权后的规范化值；y_i^+ 、y_i^- 分别为第 i 个指标在 n 年取值中最偏好方案值（正理想解）和最不偏好方案值（负理想解）。

8. 评价对象与理想解的贴近度计算

T_j 为第 j 年区域发展水平接近最优发展水平的程度，一般称为贴近度，其取值范围为[0, 1]，T_j 越大，表明该年区域发展水平越接近最优水平。当 T_j=1 时，区域发展水平最高；当 T_j=0 时，区域发展水平最低。以贴近度表示区域发展差距，根据贴近度大小可以判断区域发展水平的高低。贴近度的计算公式为

$$T_j = \frac{D_j^-}{D_j^+ + D_j^-} \tag{2.32}$$

2.3 集聚阴影区的发展路径

2.3.1 借用规模理论

1973 年，美国经济学家威廉·阿隆索（William Alonso）在《城市人口零增长》中提出了借用规模的概念，借用规模提供了从关系和系统的角度来考察城市规模的新视角（王飞，2016）。他指出，小城市居民可以使用大城市的购物中心和娱乐设施，商人可以使用大城市的仓储中心、商业服务设施，而自身也处于一个更为广阔和弹性的劳动力市场当中。大城市之所以能提供和持续运营这些服务设施，是因为它的规模效应，因而也可视为小城市借用了大城市的规模效应。同理，大城市因为人口聚集而拥有广阔的劳动力市场，如果小城市的劳动力市场与其相衔接，则小城市劳动力的就业机会便不再局限于本地，同时也可吸引大城市的劳动力来小城市就业。借用规模包含功能与绩效两个维度，而绩效又可区分为产业规

模与产业多样性两个要素（王飞，2017）。规模偏小成为小城镇发展的制约因素，主要有经济增长与公共服务两个原因，而借用规模的两个维度分别涉及经济增长与公共服务。

2.3.2 路径依赖理论

路径依赖理论由美国经济史学家 Paul A. David（保罗·A. 大卫）提出，其内涵是指经济、社会或技术等系统一旦进入某一路径（不论好坏），就会因为惯性的力量不断进行自我强化，并且锁定在这一特定路径上（尹贻梅等，2011）。经典的路径依赖理论一般包括 3 个特征，即锁定（lock-in）状态、自增强过程、偶然历史事件（尹贻梅等，2012）。当区域内某一产业出现并超过“特定规模”，就会产生自我催化的网络外部性效应，促使路径依赖式增长，并极易产生区域锁定效应。地方经济发展过程中存在两种路径依赖效应：一种是以企业衍生、聚集经济为驱动力的积极意义的路径依赖效应；另一种是过度专业化、忽略外部联系导致的消极意义的路径依赖效应。路径依赖不能忽略内生性路径创新和共同演化。

2.3.3 共生理论

共生最早是由德国生物学家德·巴里（de Bary）提出，指不同种属按某种物质联系生活在一起，形成共同生存、协同进化或者抑制的关系（胡晓鹏，2008）。共生是一种普遍存在的现象，其核心是双赢与共存，包含 3 个要素，即共生单元、共生模式和共生环境（马国强和汪慧玲，2018）。根据共生理论，旅游共生关系的构成应该包括以下条件（吴泓和顾朝林，2004）：①旅游资源的相似性或互补性，以及空间的接近性或联系的便利性。②有文化或政治上的联系，或者资源、市场等要素上的联系，服务设施基本配套，游客对区域的认知程度较高（或区域内有若干知名度较高的旅游地）。③同类旅游地的相似程度或异类旅游地的互补程度决定共生方式。同类旅游地之间可以强化共同的优势，提高旅游产品层次，在合作的基础上重新分工定位；异类旅游地之间可以取长补短，优势互补。这种共生既可以是区域内不同旅游地之间的横向共生，也可以是不同产业要素的纵向共生，或者是旅游地和产业要素的混合共生；既可以强强技术互补合作，也可以强弱资源与资金、技术合作或弱弱联合开发。④推进区域旅游合作，可以从较小区域和易融合单元合作入手，抓住有利时机，确定合作要点，明确共生单元利益的共享和义务的共担，培育共生机制。待取得初步成效后，逐步扩大合作领域，进而扩大到整个区域。

旅游共生机制必须实现区域旅游的整体发展环境的优化，做到以地方利益为基础，以市场机制调节为主导，以政府推动为辅助，以民间组织为补充，按照比较利益的原则进行合作。通过区域旅游要素流动实行互补，完善协调机制、制度和组织，形成统一的区域发展规划，从而实现区域旅游的对称互惠共生、一体化共生。

对称互惠共生是共生系统进化的基本方向和根本法则，是区域旅游竞合的理想行为模式（吴泓和顾朝林，2004）。从空间的分散和集聚效应看，可以将旅游地之间的合作性竞争分为两个层次，即分散的专业化分工协作和产业集聚中的合作性竞争。实施差别化战略和分散的专业化分工协作，包括推出针对不同细分市场、不同档次的旅游产品，柔性化、个性化、多元化、专业化的产品组合，独具特色的手工艺品和民风民俗的展现，旅游地之间形成互助互动关系，可以降低旅游成本，形成多元化经营，加快信息流通速度和产生示范效应，加大政府、企业和民营资本对旅游生产要素的投资力度，以及教育科研机构对相关领域的关注度，提高新产品研发和推向市场的时效，由此形成外部经济。

一体化共生是区域旅游竞合的理想组织模式，其发展实质是区域旅游竞争和合作的耦合联动（吴泓和顾朝林，2004）。区域旅游一体化共生是指区域旅游地之间，出于对整个（或局部）市场的预期和总体目标的实现，自愿通过市场主导共生界面，通过文化、资源或政治上的联系，采取全方位合作，包括形态、资源、市场、品牌、信息、产业、基础设施、生态环境、制度等的一体化，即区域旅游地在空间形态上聚集，成为各种旅游要素流动枢纽和旅游产品创新的孵化器；打破行政区域界限，在区域背景中实施资源整合；实现商品和要素的自由流动，以及客源、品牌共享；实施信息、教育、培训、研发的共享；完善区域旅游产业体系和产业链；加快城市通道和服务设施的配套与衔接；共同维护生态环境；规范各地政策和制度等。

2.3.4　协同理论

1977 年，赫尔曼 · 哈肯（Hermann Haken）在总结了他对平衡系统在时间和空间方面有序问题长期研究成果的基础上提出了协同理论（李湘州，1997）。协同理论认为，协同导致有序。在系统由无序状态向有序状态的转变中，时间结构或空间结构在宏观尺度上以自组织的形式产生。基于协同理论及旅游产业的综合性和关联性特点，区域旅游产业的协同发展既包括区域内不同旅游地之间的横向协同，也包括构成旅游产业的各产业要素之间的纵向协同，以及旅游地和旅游产业要素之间的混合协同。

区域旅游产业协同发展需具备以下条件（把多勋和张欢欢，2007）：进行协同发展的区域应具有地理空间上的邻近性和社会文化属性、风俗习惯的相同或相似性特征；区域内应有十分丰富的旅游资源，且这些旅游资源应具有相似性或互补性，以及空间上的邻近性或联系的便利性等特征；区域内各地域之间及与外界区域系统之间应有政治、经济和文化上的联系，旅游产业之间应有资源、市场、劳动力等产业构成要素上的联系，以及服务设施、基础设施等方面的合作；区域内各旅游主体，包括政府、旅行社、饭店、景区等应有产业协同发展的意愿，并为实现区域旅游产业的协同发展创造条件；推进区域内旅游产业的协同发展，可以从较小的区域和易协同发展的区域入手，抓住有利时机，确定协同发展的要点，明确各主体的责任和义务。待取得初步成效后，逐步扩大协同发展的领域，进而扩大到整个区域。

区域旅游产业可以通过以下几种方式由各自为政、无序竞争、重复建设、盲目发展等混沌状态走向有序健康发展的协同状态：分类整合区域旅游资源，实施旅游产品品牌战略，建立和完善营销宣传系统，进一步完善支撑系统（把多勋和张欢欢，2007）。

第 3 章 集聚阴影空间形成机制和 CAD 模型构建

3.1 集聚阴影空间形成机制综述

3.1.1 旅游空间集聚阴影形成机制

旅游是游客离开惯常环境，为了满足“商、养、学、闲、情、奇”的旅游需求而开展的“吃、住、行、游、购、娱”等基本活动。旅游空间是旅游活动的载体，旅游活动包括游客的活动和旅游企业的经营活动。旅游已经成为一个在国民经济中起重要作用的产业类型，通过旅游消费可以促进旅游目的地的经济社会发展。

卞显红（2009）借用核心-边缘模型分析了城市旅游空间形成机制。假定大城市旅游空间为线性空间模式，中间部分为城市旅游核心区，两端部分为城市旅游边缘区。城市旅游核心区旅游产品为 S 类旅游产品，旅游核心区的游客称为 S 类游客。城市旅游边缘区旅游产品为 T 类旅游产品，旅游边缘区游客称为 T 类游客。图 3.1 是根据卞显红（2009）的城市旅游空间形成机制绘制的旅游空间集聚阴影模型。

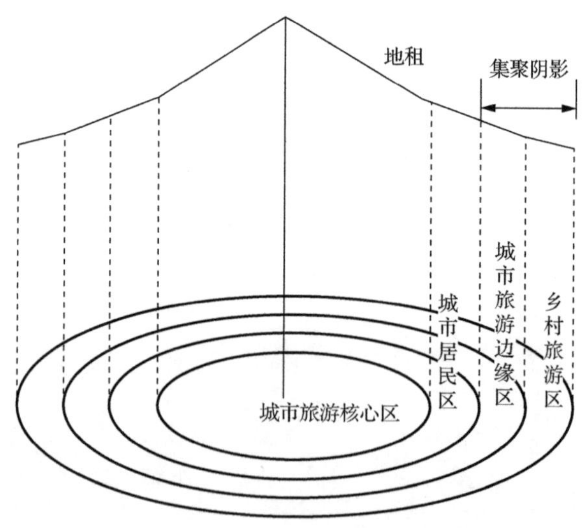

图 3.1 旅游空间集聚阴影模型

卞显红（2009，2010）讨论了旅游产品价格、旅游交通服务价格、旅游交通服务次数（D_0 和 D_1）、距离和城市人口变动对旅游核心-边缘区旅游空间的影响。随着城市旅游核心区旅游业的发展，城市旅游核心区旅游用地紧张，土地租金昂贵，S 类旅游产品价格 P_1 相对于 T 类旅游产品价格 P_2 也较高，城市旅游开始向城市旅游边缘区扩散。城市旅游边缘区的发展促进了环城市旅游带的形成，城市开始呈现城市旅游核心区与边缘区协同发展的模式。游客到城市旅游边缘区的旅游交通花费（包括时间花费和金钱花费）较低，这会刺激游客对 T 类旅游产品的需求，从而促进城市旅游边缘区的旅游发展。城市旅游交通服务价格可能会随着城市旅游交通设施的完善与产业规模经济的获取而越来越低，这样城市居民到城市旅游核心区的旅游交通服务价格的减少会促进消费者对城市旅游产品需求的增长。在城市居民到城市旅游核心区的旅游交通服务价格及城市旅游核心区与边缘区之间的旅游交通服务价格都降低的条件下，城市旅游核心区与边缘区旅游都能得到较大程度的发展，并形成城市旅游核心区与边缘区协同发展的城市旅游核心-边缘空间结构。

卞显红（2012）认为大城市地铁等快速交通设施的兴建减少了游客到城市旅游核心区游憩的交通换乘次数，这极大地促进了城市旅游核心区的发展，同时城市旅游核心区到边缘区的交通便利化，增加了对 T 类旅游产品的需求，促进了城市旅游边缘区旅游资源的开发。到城市旅游核心区与到城市旅游边缘区的距离对城市 S 类旅游产品与 T 类旅游产品需求的影响不确定。假定城市居民居址到城市旅游边缘区的距离越近，那么他们会把更多的对 S 类旅游产品的需求转移到对 T 类旅游产品的需求（假设居民的旅游需求总量保持不变）。假定城市人口与城市旅游业从业人员呈正相关关系。城市旅游边缘区人口的增长促进了城市边缘区人口对城市旅游边缘区自然、人文游憩景区（点）的游憩需求，进而对城市旅游核心区与边缘区协同发展的城市旅游核心-边缘空间结构的形成产生影响。

该模型假定了旅游产品的同质性和可替代性，导致其有一定的局限性。首先，现实中，城市中心区的旅游产品与边缘区的旅游产品是不同类，甚至同类不同质的，而且游客的需求是差异化的，核心区的旅游产品与边缘区的旅游产品可以分别满足其不同需求。其次，游客是以本地市场为主还是以外地市场为主也会导致核心-边缘模式的不同，超大城市（如北京、上海、广州等）会形成以乡村旅游点为主的环城游憩带，而旅游专业城市（如三亚、桂林），本身城市人口不多，主要以接待外地游客为主，这类游客对环城游憩带的旅游产品需求不足，因此，若在三亚等城市与周边城市的交界处形成高等级的旅游景点、景区或度假区，边缘区则会因距离中心城市远，辐射力有限，而形成旅游空间集聚阴影。最后，旅游容量也是决定旅游空间集聚阴影形成的因素，核心区社会经济、基础设施较好，旅游容量就相对比边缘区大，因此，在边缘区也会形成旅游空间的集聚阴影。

3.1.2 城市空间集聚阴影形成机制

城市是生产力发展、社会分工细化和生产关系变革的结果，是一定区域内的政治、经济、文化和教育等方面的中心，是先进生产力、生产关系及先进文化相对集中的地方。城市空间是城市各种活动的载体，各种活动要素及其相互作用直接影响并制约着城市空间分布格局和运动过程。

张京祥和庄林德（2000）从区域-城市关系及城市间联系的角度，指出城市空间集聚阴影形成是区域中心城市与周边城市之间集聚-辐射组合关系的变化导致的，得出了城市空间集聚阴影地区发展中所受的作用力 F_m。促使社会、经济要素流出或留在集聚阴影地区（城市、县、镇）的合力，受政策因素、自身发展条件因素和中心城市的吸引力因素的影响。三者对其形成作用的贡献率不同，需要增加贡献率权重，并由权重系数的正负控制每个力的正反效应（图 3.2），计算公式如下（孙东琪等，2014）：

$$F_m = aF_t + bF_c + cF_p \tag{3.1}$$

式中，F_t 为集聚阴影地区（城市、县、镇）根据自身发展条件产生的一定凝聚力，主要来自该区域（城市、县、镇）的自然与人文环境、城镇规模、劳动力水平等的吸引，其效果是促使社会经济要素的区域自我发展；F_c 为来自中心城市的吸引力；F_p 为来自中央、地方政府的政策吸引力，可能有两种效果（积极的、消极的），如是采取鼓励集聚阴影地区（城市、县、镇）发展的方针还是抑制外围区域发展的方针；a 为自身发展条件因素的贡献率；b 为中心城市吸引力因素的贡献率；c 为政策因素的贡献率。

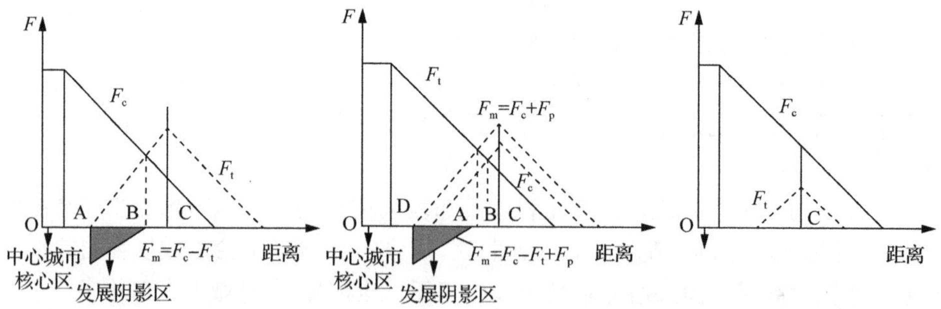

图 3.2　城市空间集聚阴影形成机制

O—中心城市；C—外围区域。

在上述基本力量的作用下，具体存在 3 种情况（孙东琪等，2014）：假设 $F_p = 0$，则 $F_m = F_t - F_c$，一般情况下是 $F_t < F_c$，则在 AB 区域形成集聚阴影地区（城市、县、镇）；如果把 F_p 考虑进来，当 F_p 积极促进集聚阴影地区（城市、县、城镇）

发展时，集聚阴影地区则由 A、B 区域向中心城市方向移动，反之，则集聚阴影地区（城市、县、城镇）向 C 区域扩散；当集聚阴影地区（城市、县、镇）非常接近中心城市时，F_m 始终为负值，其完全置于中心城市的影响下，在此情况下集聚阴影地区（城市、县、镇）多是很快成为中心城市建成区的一部分，变成“灯下明”。

该模型为解释城市空间集聚阴影形成机制提供了一种方式，但是还有可以探讨的地方，没有考虑到几种力的作用力与反作用力关系，如集聚阴影地区不仅具有自身凝聚力，也具有离散力，中心城市具有吸引力，但也具有排斥力等。另外一个重要因素没有考虑，即城市生态环境的外部约束。城市空间是在自然本底的基础上施加人文作用的结果，它必然要受到自然环境的外部约束。但城市生态环境无疑是有着自身承载能力的，它制约着空间结构的格局。

3.2　集聚阴影形成机制创新

3.2.1　空间经济学视角下的集聚阴影形成机制

曾道智和高塚创（2018）指出劳动力和企业在空间上呈现不均衡分布特征，主要是由第一自然和第二自然决定的。空间经济学中的经典模型，即核心-边缘模式中的核心对应中心城市，边缘对应中心城市周边集聚阴影地区。空间经济学的核心-外围空间模型，主要是人类的生产生活在空间集中导致的。而引致空间集中主要表现为两种作用方向相反的力的较量：一种是集聚力；另一种是扩散力。

空间经济学打开了集聚力和扩散力这对黑箱，剖析了这对作用力的作用机制。集聚主要是由向心力引起的，而该力主要由第一自然和第二自然决定（赵伟，2018）：第一自然包括自然环境与自然资源，自然运输上的邻近性，如邻近天然港湾等。第二自然主要有两种因素在强化向心力，一个是前向关联与后向关联，另一个是要素市场和产品市场。

因此，多样性、规模经济及空间邻近性，形成了一股集聚力量（赵伟，2018）。差异性或多样性缓解了竞争，同时增加了企业与要素的互补性，因而强化着集聚。规模经济、运输成本和要素移动性三者之间互动的正反馈效应，也导致经济活动的空间集聚。运输成本太高，就没法集中生产，因而无法实现规模经济。只有运输成本降到一定程度，要素的空间移动才可能发生。而规模经济是以要素的空间移动与集聚为前提的，同时只有规模经济才能吸引要素的空间集中。

扩散主要是由离心力引起的（赵伟，2018）。该力源自第一自然和第二自然。第一自然指自然因素形成的约束条件，第二自然是人造的自然，也称内生性要素。第二自然的要素有租金、工资、中间产品价格、拥挤程度、外部不经济，以及相似企业间的竞争等。

空间经济学侧重于集聚扩散的第二自然，对第一自然的论述不多，同时忽略了政府的行为，导致其在解释中国产业、城市的空间集聚时存在缺陷。

3.2.2　突破点

集聚阴影区的形成机制需要引入承载力概念，与传统集聚力、扩散力形成新的机制。

1. *承载力*

承载力起源于 1840 年的工程机械领域，是指物体在不受到任何破坏时所能承受的最大负荷（封志明和李鹏，2018）。承载力表达了一种极限思维方式，契合了生态学、人口学、环境科学、地理学和资源科学等学科的思维，因此承载力概念的引入，不仅拓展了这些学科的学科体系，而且体现了上述学科的价值，即通过调控、干预等人为方式，实现可持续发展。

当前，资源环境承载力和人口承载力是承载力研究的两大主流方向。资源环境承载力是指作为承载体的自然基础对作为承载对象的人类生产生活的支持能力（樊杰等，2015）。在 2008 年“汶川特大地震”灾后恢复重建中，资源环境承载能力综合评价作为一项基础性工作被首次成功运用于重大规划决策过程（樊杰，2016；樊杰等，2017a）。2016 年国家发展和改革委员会、中国科学院等 13 部委联合下发《资源环境承载能力监测预警技术方法（试行）》（发改规划〔2016〕2043 号），标志着资源环境承载力监测预警机制成为全面深化改革和生态文明建设的一项创新性工作。2018 年国家行政机构改革后新成立的自然资源部，在国土空间规划中提出了将资源环境承载力综合评价作为一项重要的基础工作。也有学者探讨了资源环境承载力评价与国土空间规划的逻辑问题，认为资源环境承载力评价能为国土空间规划提供有效的决策支撑（岳文泽和王田雨，2019）。

人口承载力是指某一时段、一定区域在资源环境承载力不超载的前提下，其资源、环境和经济所能承载的最大数量人口的基本生产、生活、旅游的能力。人口承载力也是区域人口调控和产业调控的基础，是揭示人地矛盾的关键指标，胡焕庸线就是人口承载力经典研究成果（陆大道等，2016）。当前，人口承载力研究主要从人口经济学、人口地理学等学科展开，影响人口承载力的因素具有动态性、不确定性和多样性，导致人口承载力判断标准成为一种主观价值判断，因此人口承载力的研究进展缓慢（童玉芬，2012）。

相比经济承载力而言，资源环境承载力较为刚性，因此本章将资源环境承载力作为人口承载力的底层架构和重要前提（表3.1）。在资源环境承载力可载的前提下，以人口承载力状态为准；在资源环境承载力饱和的前提下，主要以人口承载力状态为准，但是需要将人口承载力的可载状态提升为饱和状态；在资源环境承载力超载的前提下，以资源环境承载力状态为准，均为超载状态，人口承载力状态仅为参考。

表3.1　资源环境承载力与人口承载力承载状态对照表

资源环境承载力	人口承载力	最终判断
可载	可载	可载
	饱和	饱和
	超载	超载
饱和	可载	饱和
	饱和	饱和
	超载	超载
超载	可载	超载
	临界超载	超载
	超载	超载

2. 旅游空间

旅游空间与旅游产业是旅游经济的“两面”，相辅相成。旅游空间是旅游活动的载体，故存在承载力的约束条件。

（1）旅游业发展的内外部条件

旅游业发展的内部条件包括旅游资源、生态环境、旅游交通、旅游设施和服务。旅游资源是旅游业发展的基础条件，是指对游客具有吸引力的自然存在和历史文化遗产，以及直接用于旅游目的地的人工创造物。生态环境是旅游业发展的重要条件，是指影响人类生存与发展的水资源、土地资源、生物资源及气候资源数量与质量的总称。旅游交通是旅游业发展的关键条件，交通为客源地市场与目的地之间提供了关键的连接。交通条件越好，游客在整个旅行的过程中阻力就越小。旅游设施和服务是旅游业发展的支撑条件。旅游设施和服务包括住宿设施、餐饮设施、旅行社和旅游购物商店，是整个旅游业中产生经济影响最大的部分，创造了大量的就业机会和税收。

旅游业发展的外部条件包括旅游需求、生产要素、企业家精神和政策等。旅游需求即游客对旅游产品的需求。旅游需求是一种对旅游产品的购买欲望，而满足这种欲望需要具有旅游动机、支付能力、时间和身体能力。生产要素包括土地、资本、人才、知识和技术。企业家精神是指面对旅游业的动态变化性，企业家能够发现新的开发机会和对现有的产业进行更有创意的管理的能力。企业家精神是一个企业的核心竞争力，是一个地区旅游业发展和壮大的必备条件。政策包括税收政策、土地政策、人才政策、营商环境（国际化环境、市场化环境、法制化环境）政策等。

（2）集聚力-扩散力

旅游消费与生产的同时性，表现在旅游目的地承载了旅游消费和旅游生产。基于旅游消费的视角，旅游目的地存在集聚力和扩散力两类影响因素。影响旅游空间集聚力的因素主要有以下几种：一是消费多样性，消费空间满足各种消费需求，提供产品和服务；二是消费规模，遵循效用递增规律，即一次性消费旅游产品越多，消费者的效用越大；三是空间邻近性，主要考虑交通成本和时间成本。影响消费扩散力的因素主要有拥挤、土地租金/交通成本、市场秩序、产品老化陈旧。此外，当地政府政策是积极或消极发展旅游产业也会影响产业的集聚扩散。

针对旅游空间，采用区位熵（L）作为空间聚集指标，具体计算见式（2.21）。

（3）旅游人口承载力

旅游人口承载力是指在某一旅游地环境的现存状态和结构组合不发生明显有害变化的前提下，在一定时期内旅游地承受的旅游活动强度（包括资源空间强度、生态环境强度和经济发展强度）。本书分别对旅游要素的资源承载力、生态环境承载力、经济发展承载力展开评估，采用内梅罗综合指数法测算旅游人口承载力。以 $P_{\text{综合}}^{\text{旅游}}$ 表征旅游人口综合承载力指数。

3. 城市空间

城市空间是城市社会、经济、政治、文化等要素的运行载体，各类城市活动所形成的功能区则构成了城市空间结构的基本框架。它们伴随着经济的发展、交通运输条件的改善，不断地改变各自的结构形态和相互位置关系，并以用地形态来表现城市空间结构的演变过程和演变特征。

（1）城市发展的影响因素

影响城市发展的有形因素包括城市发展的区位、资本、技术等（马庆斌和韩恒，2004）。区位是指人类行为活动的空间。城市从最初的选址，到发展成为人类生产、生活的空间实体，是一个从自然区位到经济区位的发展过程。资本包括物质资本和金融资本，在生产投入三要素（自然资源、劳动力、资本）中，自然资源和劳动力不会成为经济增长的约束条件，而资本的多寡及其形成的快慢是束缚经济发展快慢的重要条件。人力资本是推动经济增长的主要因素，一方面，劳动力的流动会使劳动力资源获得最有效的配置；另一方面，城市如何吸引高素质的劳动力成为发展的关键。技术水平的提高在经济发展中起着重要的作用。

影响城市发展的无形因素包括制度、文化、创新、知识等（马庆斌和韩恒，2004）。新制度学派认为，市场中的交易是有成本的，而合理的制度安排能减少市场中的交易成本，进而促进经济的发展。文化影响信任，而信任影响社会的经济，高信任的社会是指信任超越血亲关系的社会，低信任的社会是指信任只存在于血亲关系之中的社会。高信任社会造就经济繁荣，低信任社会的繁荣难以持久。创新是城市发展的关键因素之一。知识的生产、扩散和应用是经济增长的根本源泉。在区域形态上，知识的生产和消费活动本身是倾向于地方性的，知识产业的聚集促成了“新产业空间”的形成。

（2）集聚力-扩散力

藤田昌久和蒂斯（2016）认为城市是不同经济主体（主要是企业和家庭）的集聚。人口和企业的空间集聚有利于社会交流和互动，从而产生向心力；而人口的不断集聚会导致交通成本、地租和工资上升，从而产生离心力。这两种力量的相互作用内生地决定了城市空间结构。当企业之间的社会互动能提高彼此的生产率时，这种社会互动产生了生产的外部性。假定这种外部性随着距离而递减，当通勤成本、外部性的强度和其空间衰减速度进行不同组合时，向心力和离心力的力量对比相应变化，城市空间结构可能出现不同的结构模式。

针对城市空间，采用网络中心度的程度中心度作为空间集聚指标。程度中心度的计算公式具体见式（2.4）。

（3）常住人口承载力

常住人口承载力是指某一时段、一定区域在资源环境承载力不超载的前提下，其资源、环境和经济所能承载的最大人口数量的基本生产、生活的能力。本书分别对常住人口土地资源承载力、常住人口水资源承载力、常住人口水环境承载力、常住人口经济承载力展开评估，采用内梅罗综合指数法测算常住人口综合承载力。以 $P_{综合}^{常住}$ 表征常住人口综合承载力指数。

3.3　CAD 模型构建与空间集聚阴影模型

3.3.1　CAD 空间模型

本书在对现有集聚阴影形成机制进行研究的基础上，剖析了上述模型的优点和存在的缺陷，提出了 CAD 模型。

在图 3.3 中，F_1 为集聚力、F_2 为扩散力、F_3 为承载力。若将人口承载力比作一只木桶，则集聚力就是一个进水口，扩散力就是一个出水口。进出口的高低位置关系就决定了集聚力与扩散力之间的大小关系。进水口的位置比出水口位置低，表示集聚力大于扩散力；进水口的位置与出水口位置齐平，表示集聚力与扩散力相当；进水口的位置比出水口位置高，表示集聚力小于扩散力。承载力有可载、饱和和超载 3 种状态，而集聚力与扩散力之间有 3 种数量关系，$F_1 > F_2$、$F_1=F_2$ 或 $F_1 < F_2$。承载力与集聚力、扩散力之间的关系如图 3.3 所示。当承载力处于可载状态，集聚力与扩散力之间有 3 种数量关系，即 $F_1 > F_2$、$F_1=F_2$ 或 $F_1 < F_2$；当承载力处于饱和状态，集聚力与扩散力之间达到平衡，即 $F_1=F_2$，其中存在两种动态平衡，即 $F_1 > F_2$ 向 $F_1=F_2$ 转化、$F_2 > F_1$ 向 $F_1=F_2$ 转化；当承载力处于超载状态，集聚力与扩散力之间有两种数量关系，即 $F_1 > F_2$、$F_1=F_2$ 和一种动态平衡，即 $F_1 > F_2$ 向 $F_1=F_2$ 转化。

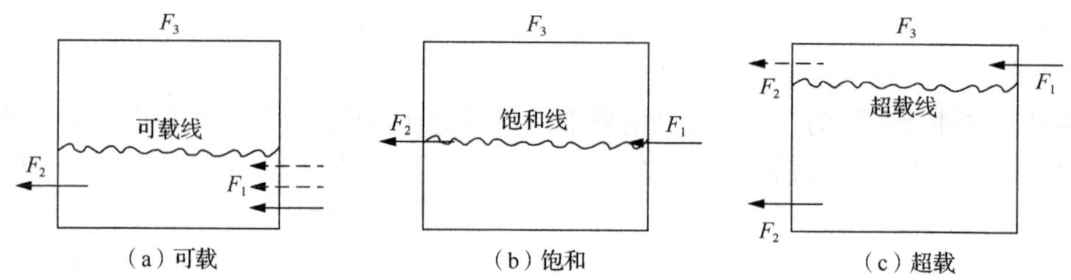

（a）可载　（b）饱和　（c）超载

图 3.3　承载力与集聚力、扩散力之间的关系

3.3.2　集聚阴影指数

构建集聚阴影指数 H，将承载力和集聚力、扩散力多力合一，其计算公式如下：

$$H = \frac{P}{L} \tag{3.2}$$

式中，P 为人口综合承载指数；L 为产业空间集聚指标。

H 在 0～0.1 取值表示集聚区，大于 0.1 则表示集聚阴影区。H 值越大，表明集聚阴影程度越高；而 H 值越小，表明集聚阴影程度越低。

3.3.3　CAD 模型的影响因素

CAD 模型将政策因素作为集聚力和扩散力的影响因素。CAD 的模型影响因素分为三大类，分别是基本因素、市场因素和政策因素（表 3.2）。承载力主要受到基本因素和市场因素影响。

表 3.2　承载力和集聚力-扩散力的影响因素

<table>
<tr><th rowspan="2">CAD 模型</th><th colspan="3">影响因素</th></tr>
<tr><th>基本因素</th><th>市场因素</th><th>政策因素</th></tr>
<tr><td>承载力
（carrying capacity）</td><td>土地资源、水资源、生态条件、环境质量、地质灾害等</td><td>交通等基础设施、酒店等服务设施等</td><td></td></tr>
<tr><td>集聚力
（agglomeration force）</td><td>运输成本、收益递增、知识溢出、要素禀赋</td><td>地方市场需求、产品差异性（消费者偏好）、市场关联、贸易成本</td><td rowspan="2">税收政策、土地政策、人才政策、营商环境（国际化环境、市场化环境、法制化环境）政策等</td></tr>
<tr><td>扩散力
（diffusive force）</td><td>拥挤效应、土地租金/交通成本、市场秩序，以及产品老化、陈旧</td><td>工资、中间产品价格、外部不经济，以及相似企业间竞争</td></tr>
</table>

3.3.4　CAD 模型与旅游发展阶段

本节结合旅游目的地生命周期理论，分析了 CAD 模型与旅游发展阶段的关系（表 3.3）。当旅游发展阶段为发展阶段时，人口承载力可能处于可载或超载状态，集聚力大于扩散力。当旅游发展阶段为巩固阶段时，人口承载力可能处于可载、饱和或超载状态，集聚力等于扩散力。当旅游发展阶段为停滞阶段时，人口承载力可能处于饱和状态，集聚力等于扩散力。当旅游发展阶段为衰退阶段时，人口承载力可能处于可载状态，集聚力小于扩散力。

表 3.3　CAD 模型与旅游发展阶段的关系

<table>
<tr><th>人口承载力（F_3）</th><th>集聚力（F_1）与扩散力（F_2）的关系</th><th>旅游发展阶段</th></tr>
<tr><td rowspan="3">可载</td><td>$F_1 > F_2$</td><td>发展阶段</td></tr>
<tr><td>$F_1 = F_2$</td><td>巩固阶段</td></tr>
<tr><td>$F_1 < F_2$</td><td>衰退阶段</td></tr>
<tr><td>饱和</td><td>$F_1 = F_2$</td><td>巩固阶段或停滞阶段</td></tr>
<tr><td rowspan="2">超载</td><td>$F_1 > F_2$</td><td>发展阶段</td></tr>
<tr><td>$F_1 = F_2$</td><td>巩固阶段</td></tr>
</table>

3.3.5　旅游空间集聚阴影模型

旅游空间集聚阴影模型如图 3.4 所示，集聚阴影区的游客人数和旅游企业规模比中心城市要少或小。集聚阴影区的形成主要与中心城市地区 CAD 有关，中心城市旅游承载力相对较大，可能处于可载、饱和或超载状态，集聚力大于扩散力，而集聚阴影区旅游承载力相对较小，一般处于可载状态，扩散力大于集聚力。

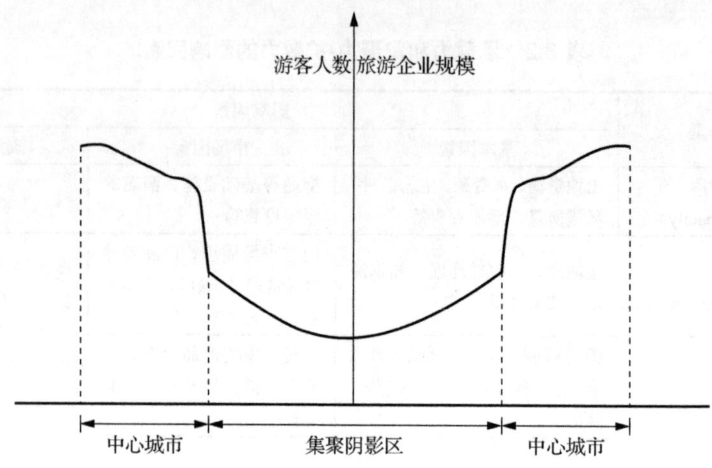

图 3.4　旅游空间集聚阴影模型

3.3.6　CAD 模型与城市发展阶段

主导要素是经济发展中产出弹性大并且相对短缺，对经济增长具有约束作用的生产要素。自然资源主导下的城市，包括农业主导下的城市和矿业主导下的城市，主要受到劳动力、土地和矿产资源的制约；而资本主导下的城市，资本是稀缺要素；进入创新发展阶段，知识成为稀缺资源。表 3.4 阐述了 CAD 模型与城市发展阶段的关系：①城市发展阶段为自然资源主导时，承载力可能处于可载、饱和或超载状态。当承载力处于可载状态时，集聚力与扩散力的 3 种关系均有可能发生；当承载力处于饱和状态时，集聚力与扩散力均衡；当承载力处于超载状态时，集聚力大于或等于扩散力。②城市发展阶段为资本主导时，承载力可能处于可载、饱和或超载状态。当承载力处于可载状态时，集聚力大于扩散力；当人口承载力处于饱和状态时，集聚力等于扩散力；当人口承载力处于超载状态时，集聚力等于扩散力。③城市发展阶段为创新主导时，承载力可能处于可载、饱和状态。当人口承载力处于可载状态时，集聚力大于扩散力；当人口承载力处于饱和状态时，集聚力等于扩散力。

表 3.4　CAD 模型与城市发展阶段的关系

人口承载力（F_3）	集聚力（F_1）与扩散力（F_2）的关系	城市发展阶段
可载	$F_1 > F_2$	自然资源主导、资本主导或创新主导
	$F_1 = F_2$	自然资源主导
	$F_1 < F_2$	自然资源主导
饱和	$F_1 = F_2$	自然资源主导、资本主导或创新主导
超载	$F_1 > F_2$	自然资源主导
	$F_1 = F_2$	自然资源主导或资本主导

3.3.7　城市空间集聚阴影模型

城市空间集聚阴影模型如图 3.5 所示，集聚阴影区的城镇化率、GDP 或人均 GDP 比中心城市要小。集聚阴影区的形成主要与中心城市 CAD 有关，中心城市空间承载力相对较大，可能处于可载、饱和或超载状态，集聚力大于扩散力，而集聚阴影区空间承载力相对较小，一般处于可载状态，扩散力大于集聚力。

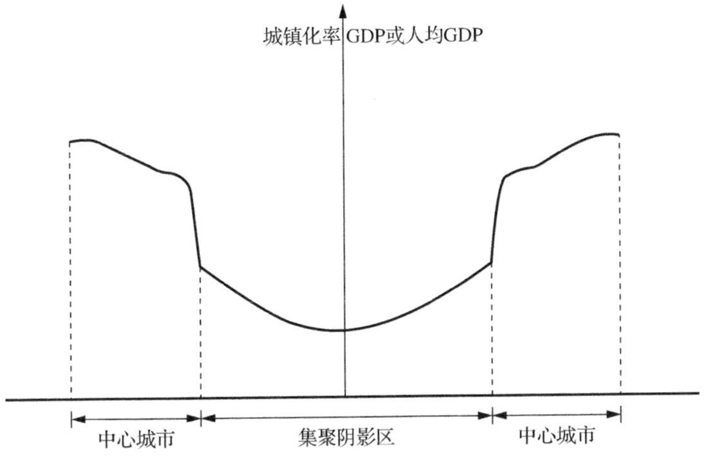

图 3.5　城市空间集聚阴影模型

第二篇　格局与机理

第 4 章　“大三亚”旅游经济圈

4.1　“大三亚”简介

“大三亚”空间范围包括三亚、陵水、保亭、乐东。打造“大三亚”旅游经济圈是海南省委、省政府着眼于国家“一带一路”倡议、海南自由贸易区（港）、“三区一中心”战略定位作出的重要部署。近年来，“大三亚”旅游经济圈协同效益逐渐显现。据不完全统计，2016 年春节期间有意愿从三亚前往其他周边市县的游客占总游客量的 14%，“大三亚”旅游经济圈逐步形成联动效应。但是，“大三亚”旅游经济圈存在以下问题：旅游资源缺乏区域统筹；交通衔接不够，基础设施欠佳；产业发展雷同，缺少合理分工与协作等。因此，对集聚阴影区旅游业的空间发展机制展开研究，具有十分重要的理论和现实意义。

4.1.1　地理区位

“大三亚”旅游经济圈地处世界级养生度假天堂黄金线北纬 18° 以南，自然条件得天独厚，是全国唯一的热带滨海地区，是海南省旅游资源最优质、最密集的区域。“大三亚”土地总面积为 6 967km^2，占海南省土地面积的 19.71%，区域内各市县地域相连、文化同源、民俗相近、人缘相亲、往来频繁，一体化发展具备良好的地理和人文基础。

4.1.2　各市县旅游业发展情况

1. 三亚

三亚位于海南岛最南端，是国内外知名的热带滨海旅游目的地。三亚三面环山，海湾众多，山、海、河 3 种美景自然融合，发展旅游业具有得天独厚的优势。三亚是海南省南部地区中心城市，经济社会发展在南部各市县中处于龙头地位，在国内外都具有较高的知名度和影响力。三亚是“21 世纪海上丝绸之路”重要战略支点城市，三亚凤凰国际机场被定位为面向“21 世纪海上丝绸之路”的门户机场，未来发展前景广阔。但是三亚产业结构相对单一，旅游新产品、新业态不够丰富，吸引力有待提高。

2018 年，三亚共接待游客约 2 242.57 万人次（表 4.1），拥有 A 级以上景区 19 个。其中，5A 级景区 3 个，分别是南山文化旅游区、大小洞天旅游区、蜈支洲岛旅游区；4A 级景区 8 个，分别是西岛海洋文化旅游区、大东海旅游区、天涯海角游览区、亚龙湾热带天堂森林公园、鹿回头风景区、亚龙湾爱立方滨海乐园、亚龙湾、三亚热带海滨风景名胜区。3A 级景区 6 个，分别是三亚亚龙湾国际玫瑰谷、三亚兰花世界文化旅游区、三亚南天热带植物园、三亚海螺姑娘创意文化园、三亚凤凰岭海誓山盟景区、三亚亚龙湾海底世界。2A 级景区 1 个，为三亚海南京润珍珠博物馆。A 级景区 1 个，为龙虎园。度假型酒店 255 家；星级酒店 38 家，其中五星级酒店 14 家、四星级酒店 17 家、三星级酒店 7 家；民宿 282 家，约占全省的 50.7%。

表 4.1　2018 年三亚旅游业发展情况

<table>
<tr><th>乡镇</th><th>常住人口/人</th><th>景区面积/km²</th><th>4A 级及以上景区/个</th><th>3A 级及以下景区/个</th><th>度假型酒店/家</th><th>星级酒店</th><th>民宿</th><th>接待游客/万人次</th></tr>
<tr><td>天涯区</td><td>249 684</td><td>61 963</td><td rowspan="6">11</td><td rowspan="6">8</td><td rowspan="6">255</td><td rowspan="6">五星级酒店 14 家、四星级酒店 17 家、三星级酒店 7 家</td><td rowspan="6">全省共有民宿 556 家，三亚民宿数量约占全省的 50.7%</td><td rowspan="6">2 242.57</td></tr>
<tr><td>吉阳区</td><td>164 672</td><td>37 206</td></tr>
<tr><td>崖州区</td><td>101 288</td><td>25 251</td></tr>
<tr><td>海棠区</td><td>76 562</td><td>34 944</td></tr>
<tr><td>育才管委会</td><td></td><td>32 019</td></tr>
<tr><td>其他海岛</td><td></td><td>763</td></tr>
<tr><td>总计</td><td>592 206</td><td>192 146</td><td></td><td></td><td></td><td>38</td><td>282</td><td></td></tr>
</table>

资料来源：《2018 年三亚市国民经济和社会发展统计公报》《三亚统计年鉴 2019》等。

注：天涯区人口包括育才管委会人口。

2. 陵水

陵水位于海南南部中心城市三亚的东部，拥有丰富的矿产、旅游、日照、海岸线资源，基本形成了以东线高速、环岛高铁为主的现代化海陆交通体系。目前，陵水以推进“三湾”“一园两区一基地”“五纵三横”建设为抓手，重大项目建设和推进成果显著。但陵水的产业以房地产业、旅游业、热带特色高效农业、海洋渔业为主，产业发展不均衡，且房地产“一业独大”问题亟待改变。

2018 年，陵水共接待游客 672 万人次（表 4.2），拥有 A 级以上景区 3 个。其中，5A 级景区 1 个，为分界洲岛旅游区；4A 级景区 2 个，分别是南湾猴岛生态旅游区、清水湾旅游区。度假型酒店 13 家；星级酒店 7 家，其中五星级酒店 5 家，分别为陵水香水湾富力万豪度假酒店、陵水伯明顿酒店、陵水乐龄中州国际大饭店、陵水乐龄愉家度假酒店、陵水神舟假日酒店；四星级酒店 1 家，为陵水清水湾恒安度假酒店公寓；三星级酒店 1 家，为陵水香水湾遇见我的家海景公寓。

表 4.2 2018 年陵水旅游业发展情况

<table>
<tr><th>乡镇</th><th>常住人口/人</th><th>景区面积</th><th>4A 级及以上景区/个</th><th>3A 级及以下景区/个</th><th>度假型酒店/家</th><th>星级酒店</th><th>接待游客/万人次</th></tr>
<tr><td>椰林镇</td><td>107 062</td><td>77.1km²</td><td rowspan="14">3</td><td rowspan="14">0</td><td rowspan="14">13</td><td rowspan="14">五星级酒店 5 家、四星级酒店 1 家、三星级酒店 1 家</td><td rowspan="14">672</td></tr>
<tr><td>英州镇</td><td>45 362</td><td>132.4km²</td></tr>
<tr><td>光坡镇</td><td>25 532</td><td>75km²</td></tr>
<tr><td>黎安镇</td><td>20 260</td><td>42.8km²</td></tr>
<tr><td>新村镇</td><td>34 412</td><td>60.97km²</td></tr>
<tr><td>本号镇</td><td>33 101</td><td>187km²</td></tr>
<tr><td>文罗镇</td><td>16 358</td><td>52km²</td></tr>
<tr><td>隆广镇</td><td>21 548</td><td>84km²</td></tr>
<tr><td>群英乡</td><td>7 320</td><td>53km²</td></tr>
<tr><td>三才镇</td><td>16 774</td><td>43.9km²</td></tr>
<tr><td>提蒙乡</td><td>19 510</td><td>40km²</td></tr>
<tr><td>南平农场</td><td>16 645</td><td>13.8 万亩</td></tr>
<tr><td>岭门农场</td><td>14 363</td><td>15.62 万亩</td></tr>
<tr><td>吊罗山林业局</td><td>2 178</td><td>56.49 万亩</td></tr>
<tr><td>总计</td><td>380 425</td><td></td><td></td><td></td><td></td><td>7</td><td></td></tr>
</table>

资料来源：《2018 年陵水黎族自治县国民经济和社会发展统计公报》《陵水统计年鉴 2019》等。

注：1 亩≈666.7m²。

3. 保亭

保亭位于五指山南麓，东接陵水，南邻三亚，西连乐东，冬季温暖如春，夏无酷暑，旅游资源丰富，境内有 5A 级的呀诺达热带雨林文化旅游区、海南槟榔谷黎苗文化旅游区，以及 4A 级的七仙岭温泉国家森林公园。近年来，保亭不断开发“到保亭深呼吸”“红毛丹采摘季”“婚庆旅游季”“温泉美食季”等特色旅游新业态、新模式，旅游业呈现良好发展态势。但是，目前保亭尚未通高速，与周边市县交通对接不够，产业结构也不尽合理，房地产业比重偏高，以旅游业为龙头的现代服务业发展不足。

2018 年，保亭共接待游客 596 万人次（表 4.3），拥有 A 级以上景区 9 个。其中，5A 级景区 2 个，分别是呀诺达雨林文化旅游区和海南槟榔谷黎苗文化旅游区；

4A 级景区 1 个，为七仙岭温泉国家森林公园；3A 级及以下景区 6 个。度假型酒店 29 家；星级酒店 19 家，其中五星级酒店 11 家，四星级酒店 5 家，三星级酒店 3 家，民宿 31 家，约占全省的 5.58%。

表 4.3　2018 年保亭旅游业发展情况

乡镇	常住人口/人	占地面积/km²	4A 级及以上景区/个	3A 级及以下景区/个	度假型酒店/家	星级酒店	民宿	接待游客/万人次
保城镇	25 651	175.02	3	6	29	五星级酒店 11 家、四星级酒店 5 家、三星级酒店 3 家	全省共有民宿 556 家，保亭民宿数量约占全省的 5.58%	596
什玲镇	14 841	122.5						
加茂镇	8 379	111.08						
响水镇	31 474	158.35						
新政镇	10 108	171.12						
三道镇	19 275	99.96						
六弓乡	7 404	81.73						
南林乡	4 960	59.7						
毛感乡	3 723	130						
总计	125 804	18 436.44				19	31	

资料来源：《2018 年保亭黎族苗族自治县国民经济和社会发展统计公报》《保亭统计年鉴 2019》等。

4. 乐东

乐东位于海南南部中心城市三亚的西部，素有“绿色宝库”“中国香蕉之乡”的美称，拥有丰富的海岸线、森林、旅游等资源，是重要的南繁育种基地。目前，乐东交通区位优势明显，境内有粤海铁路、西环高铁，中、西线高速公路在此交会，225 国道、毛九线、天新线穿境而过，靠近三亚港口、八所港口和三亚凤凰国际机场及三亚红塘湾机场，位于莺歌海镇的中国国电集团公司海南西南部电厂配套码头水工结构按照靠泊 7 万吨级散货船设计，目前有停泊 5 万吨级煤炭泊位。近年来，乐东大力发展现代热带特色农业产业，逐步改变了以种植业、农产品加工为主的产业结构，但产业发展总体水平较低，地区生产总值、城乡居民收入等主要指标在全省处于中下水平，特别是与同一岸线上的市县相比，知名度、美誉度有待提升。

2018 年，乐东共接待游客约 121 万人次（表 4.4）。尚未开发建设 A 级以上景区。度假型酒店 12 家；星级酒店 1 家，其中五星级 1 家，为龙沐湾温德姆至尊豪庭大酒店；民宿 3 家，约占全省的 0.54%。

表 4.4 2018 年乐东旅游业发展情况

<table>
<tr><th>乡镇</th><th>常住人口/人</th><th>占地面积/km²</th><th>4A 级及以上景区/个</th><th>3A 级及以下景区/个</th><th>度假型酒店/家</th><th>星级酒店</th><th>民宿</th><th>接待游客/万人次</th></tr>
<tr><td>抱由镇</td><td>62 904</td><td>423.3</td><td rowspan="11">0</td><td rowspan="11">0</td><td rowspan="11">12</td><td rowspan="11">五星级酒店 1 家</td><td rowspan="11">全省共有民宿 556 家，乐东民宿数量约占全省的 0.54%</td><td rowspan="11">121.42</td></tr>
<tr><td>万冲镇</td><td>27 000</td><td>300</td></tr>
<tr><td>大安镇</td><td>29 000</td><td>137.3</td></tr>
<tr><td>志仲镇</td><td>23 917</td><td>190</td></tr>
<tr><td>千家镇</td><td>26 000</td><td>165</td></tr>
<tr><td>九所镇</td><td>52 800</td><td>198.7</td></tr>
<tr><td>利国镇</td><td>53 893</td><td>225</td></tr>
<tr><td>黄流镇</td><td>70 781</td><td>142.12</td></tr>
<tr><td>佛罗镇</td><td>34 406</td><td>142</td></tr>
<tr><td>尖峰镇</td><td>23 401</td><td>205</td></tr>
<tr><td>莺歌海镇</td><td>18 230</td><td>24</td></tr>
<tr><td>总计</td><td>422 332</td><td>2 152.42</td><td></td><td></td><td></td><td>1</td><td>3</td><td></td></tr>
</table>

资料来源：《2018 年乐东黎族自治县国民经济和社会发展统计公报》《乐东统计年鉴 2019》等。

4.2 海南旅游业发展历程

海南旅游业经过多年的发展，逐渐从“空白行业”变成了海南经济的三大产业领域之一。海南旅游业的发展主要得益于改革开放的 40 多年，尤其是海南建省办经济特区的 30 年。改革开放大大促进了海南旅游业的发展。

为了解海南旅游业的发展演化过程，根据旅游生命周期理论，笔者将海南旅游的发展阶段大体划分为萌芽阶段（1956～1978 年）、探索阶段（1979～1987 年）、起步阶段（1988～2008 年）、快速发展阶段（2009 年至今）。由于缺乏 1988 年之前的游客数据，本节在对这之前的海南旅游阶段进行划分时，主要依据的是影响海南旅游发展的标志性时间、事件。

4.2.1 萌芽阶段（1956～1978 年）

1978 年之前，海南旅游业与整个中国的旅游业发展是同步的。中国旅游主要是外事接待，旅游业还不属于产业范畴。1978 年，全国实行改革开放之后，旅游业才慢慢作为一种产业为世人所接受。而海南第一家旅行社——海南华侨服务社是 1956 年成立的，它为华侨提供探亲服务，部分体现了现代旅游的功能。1974

年，海南中国旅行社成立，开始有组织地接待华侨和国内外旅游团，标志着海南旅游业的萌芽。海南旅行社的主要任务是接待回乡探亲的华侨和少量友好人士。从海口至三亚的旅游通道主要依靠 1955 年建成的海南重要的南北大通道——海榆中线。因此，20 世纪 80 年代前的旅游在海南只具有一种象征意义。

4.2.2 探索阶段（1979～1987 年）

这段时期为改革开放到海南建省和经济特区之前。中共中央十一届三中全会以后，改革开放为海南旅游业带来了发展机遇。1981 年底，广东省委、省政府决定加快海南岛开发建设，同时海南区旅游工作会议决定将海口和三亚冬泳度假区作为旅游重点项目先行建设。1983 年，中共中央、国务院批转《关于加快海南岛开发建设问题讨论纪要》，做出加快海南岛开发建设的决定。由于国家的重视，海南区政府开始设立旅游管理机构，成立了各类经营旅游业务的企业，着手进行旅游景点的开发，建设旅游基础设施和旅游服务设施，并开始进行旅游宣传。1986 年 1 月，全国旅游工作会议宣布将海南作为中国 7 个重点旅游城市和地区之一。海南作为全国的重点旅游区还被列入国家的“七五”计划。到 1986 年底，海南区旅游饭店已有 24 家。1987 年，中共中央在海南筹备建省和准备兴办中国最大的经济特区，这一重大事件对海南旅游业起到了很大的促进作用。在海南旅游的探索阶段，从创立旅游经营企业到设立旅游管理机构，海南建设了一些旅游设施，开发了一些旅游资源，旅游作为一个行业初步形成。

4.2.3 起步阶段（1988～2008 年）

1988 年 4 月，海南建省办经济特区，特区开发热带来了旅游热，国内外客源激增。由于各项基础设施和旅游服务设施的条件较差，餐饮、住宿和进出岛交通成为制约旅游发展的因素。在经济特区改革开放和率先实行社会主义市场经济的条件下，旅游发展的制约因素反过来又成为刺激国内外投资者开发旅游的动力。1992 年，海南省政府重新组建了海南省旅游局。1992 年，海南省旅游局组织制定了《海南省旅游发展规划大纲》，该规划大纲于 1993 年由省政府通过并颁发。1995 年，海南省人民代表大会通过并颁布实施了我国第一部地方性旅游法规《海南省旅游管理条例》，使海南旅游开始迈上法制化、规范化的轨道。1995 年底，全长 250km 的海南环岛东线——海口至三亚高速公路建成，至此，海南旅游开始从中线向东线转移，而全长 324km 的环岛西线高速公路于 1999 年 3 月通车。1999 年，海南成功策划和举办了首届中国海南岛欢乐节，使全省旅游饭店开房率结束多年徘徊在 50%的局面，一举跃上 60%。亚龙湾国家旅游度假区、南山文化旅游区和天涯海角游览区成为国家 4A 级旅游景区。2000 年，海南接待国内外游客突破

1 000 万人次大关。2001 年，江泽民同志考察海南时就海南旅游做了重要讲话，明确要把海南建设成为具有国际水平的海岛休闲度假旅游胜地。截至 2008 年，海南游客人数突破 2 000 万人次。

4.2.4 快速发展阶段（2009 年至今）

2009 年，海南国际旅游岛建设上升为国家战略，旅游业成为海南的支柱产业，全省旅游业进入了一个较为快速的发展阶段。2009 年，从海南各市县生产总值来看，海口一枝独秀，生产总值接近 500 亿元，而其他大部分市县生产总值低于 100 亿元。2015 年，海南与广东、湖南、江西、福建、广西、四川、贵州、云南 8 个南方邻近省份的横向比较，显示海南的经济总量低且基础设施落后，但是生态环境处于良好保护状态。经过 5 年国际旅游岛建设，海南没有形成以海南特色、达到国际先进水平的旅游业为龙头、以现代服务业为主导的产业体系，生态环境优势没有变成经济产业优势。如何把海南的“青山绿水”变成“金山银山”成为一个重大的现实问题。

2018 年，在庆祝海南建省办经济特区 30 周年大会上习近平总书记宣布：“党中央决定支持海南全岛建设自由贸易试验区，支持海南逐步探索、稳步推进中国特色自由贸易港建设，分步骤、分阶段建立自由贸易港政策和制度体系。”①《中共中央 国务院关于支持海南全面深化改革开放的指导意见》也明确提出要把海南建成自由贸易区和自由贸易港，并给予海南“三区一中心”的战略定位。海南旅游业继国际旅游岛之后，又面临一个千载难逢的重大发展机遇期。在保证国土安全的前提下，凡是有利于人流、物流、信息流和资金流等要素自由流动的政策要大胆闯、大胆试，充分发挥海南建设自由贸易区和自由贸易港的优势，实现“国际旅游消费中心”的战略定位。截至 2018 年底，海南游客接待人数突破 7 600 万人次。

海南坚持“全省一盘棋、全岛同城化”理念，加强高速公路网建设，环岛高速、中线高速、文琼高速、海文高速、海口和三亚绕城高速等高速公路相继建成通车，万洋、儋白、山海、文临等高速公路先后开工建设，县县通高速目标即将实现，“田”字形高速公路正向“丰”字形高速公路迈进，有力地促进了地方旅游经济的发展，为全域旅游的发展打下了坚实的基础。

1988～2018 年海南接待游客人数如表 4.5 和图 4.1 所示。基于增长率的海南旅游人数频谱分析如图 4.2 所示。

① http://cpc.people.com.cn/n1/2018/0414/c64094-29925838.html。

表 4.5　1988～2018 年海南接待游客人数　　单位：万人次

年份	接待游客人数	年份	接待游客人数
1988	118.5	2005	1 516.47
1990	113.4	2006	1 605.02
1991	140.61	2007	1 845.51
1992	247.27	2008	2 060
1993	279.41	2009	2 250.33
1995	359.85	2010	2 587.34
1996	485.8	2011	3 001.34
1997	791	2012	3 320.37
1998	855.97	2013	3 672.51
1999	929.07	2014	4 789.08
2000	1 007.57	2015	5 336.52
2001	1 124.76	2016	6 023.6
2002	1 254.96	2017	6 745.01
2003	1 234.1	2018	7 627.39
2004	1 402.89		

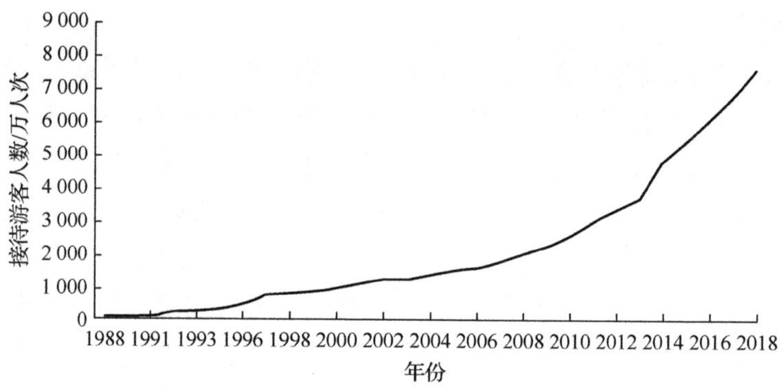

图 4.1　1988～2018 年海南接待游客人数趋势

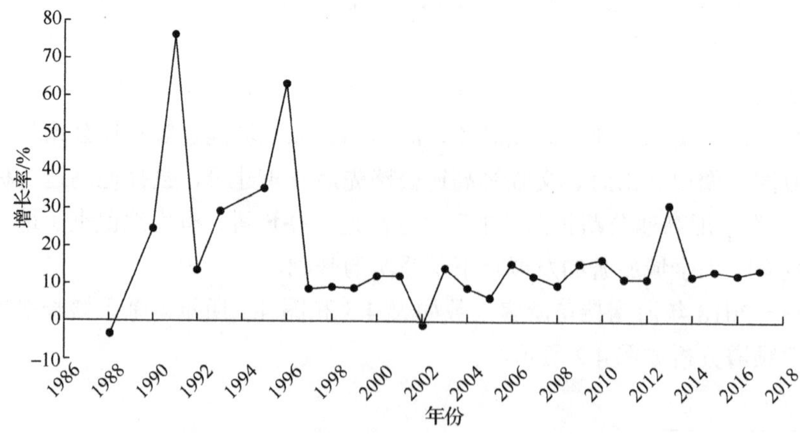

图 4.2　基于增长率的海南旅游人数频谱分析

4.3 “大三亚”旅游经济圈演化历程

4.3.1 三亚旅游发展历程

三亚于 1984 年建立县级市，是广东省海南行政区管辖的县级市，经济社会发展水平较低，主要以农业为主。1987 年，国务院批准三亚升格为地级市。1988 年，《三亚城市总体规划纲要》编制完成，明确了三亚作为旅游城市的发展定位，即“重点发展旅游和高新技术产业的热带海滨风景旅游城市”。1984 年，三亚市旅游公司组建，负责对全市的旅游资源进行规划、开发和管理。1986 年，三亚市旅游事业管理局成立，负责统筹全市的旅游宣传、规划、管理和开发工作。1987 年，三亚市旅游事业管理局升格为旅游局，属于处级单位。三亚的旅游服务设施大部分是 1985 年后才开始建设的，之前基本处于一种半自然未开发状态。

1. 以景区发展为主的起步阶段（1988～1995 年）

1988 年，三亚初步确定了建设旅游城市的目标，旅游产业开始起步，大东海旅游区、三亚湾（尤其是其中的海坡段）、鹿回头风景区、天涯海角游览区等旅游区陆续开始开发。1992 年 10 月，亚龙湾国家级旅游度假区获批，并开始建设。1993 年 3 月，《亚龙湾国家旅游度假区总体规划》获得评审通过；同年 5 月，三亚市政府成立了国有控股的亚龙湾开发股份有限公司。1994 年，《三亚市城市总体规划（修编）》提出的城市定位为“国际热带海滨风景旅游城市，海南南部中心城市”。受当时经济过热的影响，面对城市建设用地快速扩张的现实和压力，南山、海棠湾等都被纳入城市建设用地范围。1994 年，三亚热带海滨风景名胜区被国务院公布为第三批“国家重点风景名胜区”，同年，三亚凤凰国际机场正式通航。

2. 以滨海度假为主的发展阶段（1996～2008 年）

1996 年，“中国度假休闲游”开幕式在亚龙湾国家旅游度假区举行，三亚旅游发展正式进入了度假旅游发展的新阶段，逐步形成了以亚龙湾、大东海旅游区和三亚湾海坡地区为代表的海滨度假旅游区的发展格局，尤其是一流度假酒店的集聚提升了三亚度假旅游品牌。受“一省两地”战略的影响，三亚度假旅游产业开始进入快速发展期。2006 年，三亚房地产业对地方财政收入的贡献开始大幅度地超过旅游业，建设用地主要集中于居住用地（47.8%），而旅游用地（酒店度假用地）仅占 15.7%，以居住房产为主导的房地产业出现了“非常规”的发展。

3. 以全域旅游为主的阶段（2009 年至今）

2009 年，海南国际旅游岛建设上升为国家战略，离岛免税、航权开放、59 国免签、空域开放等优惠政策落地，三亚的国际认知度越来越高。天涯海角游览区、西岛海洋文化旅游区、亚龙湾热带天堂森林公园等传统景区改造升级，不断丰富旅游供给。向东，三亚将海棠湾打造为高端度假目的地和新兴产业发展高地；向西，崖州湾紧盯“一港三城”的发展定位，推动产学研联动，向深海产业、热带高效农业纵深发力。2016 年，国家旅游局在海南召开全国旅游工作会议，提出要把海南建设成全国首个全域旅游示范省，三亚以供给侧结构性改革为主线，积极推动旅游业等传统优势产业从粗放发展向精益发展转变，从要素驱动向技术驱动转变、从低端竞争向高端升级转变；对标国际标准，打造业态丰富、品牌集聚、特色鲜明、环境舒适的国际旅游消费胜地，在中高端旅游消费领域培育新的经济增长点。2018 年，在自由贸易区和自由贸易港的政策背景下，三亚旅游业发展又迎来了一个新的机遇。

4.3.2 集聚阴影区旅游业发展历程

1. 陵水旅游发展历程

1984 年，陵水成立县级旅游部门，开始对陵水旅游的发展方向进行总体规划，并富有远见地指出旅游业是陵水未来经济发展的龙头支柱产业。1983 年，南湾猴岛开始对外开放，成为相当长时间内陵水吸引游客的重点景区。1988 年，南湾猴岛接待游客 10 余万人次，但在 1991 年，全县游客接待量也不过 15 万人次。1992 年，陵水投资项目由主要为商贸性的居住房发展为旅游服务性用房。2005 年，陵水收回“三湾”（清水湾、香水湾、土福湾）6.78 万亩土地。2006 年 3 月，总投资超过 30 亿元的香水湾景区举行奠基仪式。同年 8 月，陵水与雅居乐集团控股有限公司签订成片开发清水湾的协议，欲把清水湾打造成国际一流的旅游度假区。2011 年，海南国际旅游岛先行试验区在陵水设立，计划将其打造成为以旅游文化产业为龙头、以现代服务业为支撑的创新型国际滨海新城。2018 年 4 月，党中央决定支持海南全岛建设自由贸易试验区，支持海南逐步探索、稳步推进中国特色自由贸易港建设。陵水迎来重大历史机遇期，实行更高层次的改革开放。

2. 保亭旅游发展历程

1987 年，国务院批准设立保亭黎族苗族自治县，保亭旅游业起步于 20 世纪 90 年代；2003 年冬，保亭黎族苗族自治县设立旅游部门；2013 年，呀诺达热带雨林文化旅游区荣膺国家 5A 级旅游景区；2015 年，海南槟榔谷黎苗文化旅游区荣膺国家 5A 级旅游景区；2016 年，七仙岭温泉国家森林公园荣获国家 4A 级景区称号。此外，保亭还拥有神玉文化园、茶溪谷等多处景点和七仙岭上的酒店集群。2017 年，保亭以优质资源和高品质的开发打造全域旅游发展品牌，让旅游发展实现新的突破，接待游客 476.55 万人次，同比增长 22.5%；旅游收入 10.76 亿元，同比增长 45.62%。保亭依托雨林、温泉、养生、南药和民俗文化等丰富的旅游资源，定位打造“雨林温泉谧境，国际养生家园”的目标，主动融入“大三亚”旅游经济圈，坚持走“蓝绿互融、山海并举”的差异化、特色高端发展道路。

3. 乐东旅游发展历程

乐东于 2004 年在县商务局加挂旅游局牌子，设立一个旅游岗位，对全县旅游行业进行监督和协调管理。尖峰岭林业局和国有保国农场也分别设立相关机构，具体负责所在景区的开发建设和管理工作。2008 年，正式成立乐东黎族自治县旅游局。乐东毗邻三亚，环境秀丽，兼具独特的黎族人文风情，拥有“一江一山二岭三湾”（包括昌化江，毛公山，尖峰岭、佳西岭，龙栖湾、龙沐湾、龙腾湾）自然旅游资源。虽然发展全域旅游具有得天独厚的优势，但是乐东旅游业发展整体较为滞后，大部分旅游资源仍处于早期开发阶段，产业发展亟待升级提速。

尖峰岭国家森林公园已于 2008 年通过了 3A 级景区评定，现有桃花园酒店、避暑山庄、天池山庄及海南雨林谷国际养生度假村等多家酒店。毛公山也建起了可供 150 多人同时用餐的知青楼宾馆。2017 年，海南省提出创建全域旅游示范省，乐东积极创建全域旅游示范区，挂牌成立乐东黎族自治县旅游投资开发有限公司，设立尖峰岭和毛公山两大景区巡回法庭，县电商服务运营中心也投入运营。2019 年，三亚市人民政府与乐东黎族自治县人民政府、海南铁路有限公司在三亚签订《利用海南西环高铁和货线三亚至乐东（岭头）段开行公交化旅游化列车改造工程项目出资建设协议》。特色产业小镇建设旅游化改造提速。万冲抱班、志仲首村旅游示范村、白沙河谷本土文化园和毛公山旅游景点升级改造。乡村旅游景点、休闲农庄及精品农家乐得到发展，旅游接待能力不断增强。乐东紧紧围绕“山海互动”发展战略，积极融入“大三亚”旅游经济圈。

第 5 章 “大三亚”旅游空间分布

5.1 城市设施兴趣点

城市设施兴趣点（point of interest，POI）是当前数字城市领域最易被专业规划部门和普通民众关注的地图对象，它可以描述城市空间中各类工程性与社会性服务设施，蕴含了丰富的人文经济及自然信息（禹文豪等，2015）。POI 是一个具有地理标识的空间特征点，包括空间位置及名称、分类等属性信息。随着网络电子地图等开放数据的发展，以及携程、同程艺龙、马蜂窝、去哪儿、飞猪、驴妈妈、美团旅行等 OTA（online travel agency，在线旅游机构）的迅速崛起，人们可以通过网络爬虫获取大量旅游产业方面的 POI 数据。相较于传统数据，POI 具有易于获取、数据量大、覆盖面广等优点。POI 数据不仅能代表各类旅游服务设施的布局，亦能反映旅游人群活动的强度。利用 POI 数据进行旅游空间分析，可以更好地自下而上地了解旅游和地理结构及其时空变化。

采用的 POI 数据包括景点景区、酒店和餐饮店 3 个方面。2018 年底，笔者通过网络爬虫技术从国内主流的某 OTA 门户网站获取了相关数据。剔除信息不全的数据后获得景区景点数据为 733 条，酒店数据为 1 131 条，餐饮店数据为 2 475 条，具体信息包括名称、地址、经纬度、星级、人均消费、类型等，然后对数据进行分类、清洗后，将其转换为地图投影坐标，以便进行空间点模式分析。

5.2 景区数理统计与空间分布

根据《旅游区（点）质量等级的划分与评定》（GB/T 17775—2003）和《海南省乡村旅游点（区）等级的划分与评定（试行）》来对旅游景区和乡村旅游点吸引力进行量化。

旅游景区吸引力量化数值根据《旅游区（点）质量等级的划分与评定》中细则一《服务质量与环境质量评分细则》规定进行计算：5A 级旅游景区需达到 950 分，4A 级旅游景区需达到 850 分，3A 级旅游景区需达到 750 分，2A 级旅游景区需达到 600 分，1A 级旅游景区需达到 500 分。

乡村旅游点吸引力量化数值根据《海南省乡村旅游点（区）等级的划分与评定（试行）》评分项目和特色项目得分进行计算：五椰级为 560 分，四椰级为 500 分，三椰级为 440 分，二椰级为 380 分，一椰级为 320 分。以五椰级乡村旅游点与 1A 级旅游景区的吸引力相等为准绳，对乡村旅游点吸引力的分值进行折算（系数为 0.9），可得五椰级为 500 分，四椰级为 450 分，三椰级为 400 分，二椰级为 350 分，一椰级为 300 分。

笔者对“大三亚”旅游经济圈中各乡镇景区进行了统计，并对其吸引力进行了计算（表 5.1）。“大三亚”旅游经济圈景区整体吸引力为 350 分；景区平均吸引力最大的为三道镇（585 分），景区平均吸引力最小的为佛罗镇（283 分）；景点总数最多的为吉阳区，有 257 个，景点总数最少的为黄流镇、隆广镇、群英乡和文罗镇，均为 1 个。

表 5.1 “大三亚”各乡镇景点吸引力描述性统计（2018 年）

乡镇	景点/个	平均值/分	最大值/分	最小值/分	乡镇	景点/个	平均值/分	最大值/分	最小值/分
保城镇	12	346	850	200	群英乡	1	384	384	384
抱由镇	5	322	384	300	三道镇	3	585	950	384
本号镇	8	315	420	300	什玲镇	2	300	300	300
凤凰镇	2	456	456	456	提蒙乡	2	300	300	300
佛罗镇	3	283	300	250	天涯区	73	339	850	200
光坡镇	8	404	950	300	文罗镇	1	420	420	420
海棠区	32	356	950	200	响水镇	8	313	456	200
黄流镇	1	300	300	300	新村镇	13	358	850	300
吉阳区	257	316	950	100	新政镇	2	324	348	300
尖峰镇	12	373	850	300	崖州区	17	371	950	200
九所镇	4	300	300	300	椰林镇	8	312	400	300
隆广镇	1	300	300	300	英州镇	10	488	850	300
毛感乡	2	300	300	300	莺歌海镇	3	300	300	300
千家镇	2	300	300	300					

“大三亚”景区对游客产生较大吸引力的区域主要分布在三亚的吉阳区、海棠区、崖州区、天涯区，陵水的光坡镇、英州镇和新村镇，乐东的尖峰镇，保亭的保城镇、三道镇。这几个区域的景区景点分布较为密集，知名度和成熟度都比较高，配套服务设施也很完善，这些因素提高了它们的吸引力。

三亚的三亚湾、亚龙湾和海棠湾的景点分布最为密集；其次为乐东的尖峰镇、椰林镇和佛罗镇，保亭的响水镇和保城镇，陵水的光坡镇和英州镇。

5.3　酒店数理统计与空间分布

5.3.1　主题型酒店空间布局

主题型酒店是以使顾客获得欢乐、知识和刺激等健康素材为主题，为客人提供个性化服务设施的酒店。该类型酒店面向的顾客是对该主题感兴趣的群体，市场具有相对狭窄性。

“大三亚”旅游经济圈的主题型酒店沿滨海呈零散分布，主要位于三亚湾（表 5.2）。“大三亚”地区的主题型酒店共有 30 家，其中三亚占据 24 家，吉阳区的 18 家主题型酒店分布密集且竞争较大。其他镇区各只有 1 家主题型酒店，去往这些镇区的游客多是当日往返，对主题型酒店的需求不大，只需满足基本的住宿需求即可。

表 5.2　主题型酒店统计（2018 年）　　单位：家

镇区	酒店数量	镇区	酒店数量
抱由镇	1	天涯区	4
海棠区	1	崖州区	2
黄流镇	1	椰林镇	1
吉阳区	18	莺歌海镇	1
三道镇	1		

5.3.2　长住型酒店空间布局

长住型酒店为租居者提供较长时间的食宿服务。此类酒店客房多为家庭式结构，以套房为主，房间大者可供一个家庭使用，小者有仅供一人使用的单人间。它既提供一般酒店的服务，又提供一般家庭的服务。

“大三亚”旅游经济圈的长住型酒店数量较少，分布零散，主要位于陵水，三亚只有 2 家（表 5.3）。陵水与三亚相比，成本较低，与保亭和乐东相比，经济发展和社会环境相对较好。长住型酒店的模式不仅可以为客流量较少的地区增加入住率，缓解景区酒店收益压力，而且可以满足游客在远离闹市、风景怡人的地方静静享受生活的需求，提升了游客的幸福指数。与此相反的是三亚的酒店游客入住率高，短时期内游客不断翻新会为其带来更多收益，使其能更加有效从容地应对客流高峰等问题。

表 5.3 长住型酒店统计（2018 年） 单位：家

镇区	酒店数量	镇区	酒店数量
光坡镇	3	文罗镇	1
海棠区	1	新村镇	3
九所镇	1	椰林镇	7
三道镇	1	英州镇	4
什玲镇	1	莺歌海镇	1
天涯区	1		

5.3.3 商务型酒店空间布局

商务型酒店主要以接待从事商务活动的客人为主，是为商务活动服务的。这类客人对酒店的地理位置要求较高，要求酒店靠近城区或商业中心区，其客流量一般不受季节的影响。商务型酒店的设施设备较为齐全，服务功能较为完善。

“大三亚”旅游经济圈的商务型酒店在空间上呈多点集聚分布，主要位于市区或县政府所在地（表 5.4）。因此，抱由镇（乐东黎族自治县县政府所在镇）、吉阳区（三亚市市政府所在区）、椰林镇（陵水黎族自治县县政府所在镇）和黄流镇商务型酒店较多。黄流镇商务型酒店较多，主要是因为抱由镇不在滨海地区及主要交通干道上，因而黄流镇便成了乐东的商业发达地区。

表 5.4 商务型酒店统计（2018 年） 单位：家

镇区	酒店数量	镇区	酒店数量
保城镇	3	九所镇	4
抱由镇	13	利国镇	2
大安镇	1	天涯区	2
佛罗镇	2	万冲镇	1
黄流镇	8	新村镇	1
吉阳区	13	椰林镇	14
尖峰镇	2	英州镇	2

5.3.4 民宿空间布局

民宿是民宿主人利用当地闲置资源参与接待游客，为游客提供体验当地自然、文化与生产生活方式的小型住宿设施。

民宿在空间上呈带状分布于“大三亚”的滨海地带（表 5.5），主要位于清水湾、香水湾、土福湾、三亚湾、亚龙湾、海棠湾、龙沐湾、龙栖湾、龙腾湾。民宿主要集中在三亚（共 73 家）的沿海区域，占比为 76.8%，其中吉阳区的民宿发展速度居于首位，已设立 50 家。由供给看需求，说明游客更愿意以“异地居家式”来了解海南的风俗习惯，感受海南独特的风土人情。如此高密集的发展对每一家民宿的生存都是一种考验，从而提高了从业者为游客提供全方位服务的意识和水平。

表 5.5　民宿统计（2018 年）　　单位：家

镇区	民宿数量	镇区	民宿数量
保城镇	1	三道镇	4
本号镇	2	天涯区	11
光坡镇	1	新村镇	2
海棠区	12	椰林镇	3
黄流镇	1	英州镇	4
吉阳区	50	莺歌海镇	3
九所镇	1		

5.3.5　连锁型酒店空间布局

连锁型酒店是经济型酒店中的精品，例如莫泰、如家等知名品牌酒店，在酒店行业中占有较大的市场份额。

“大三亚”地区的连锁型酒店数量较少，主要分布在吉阳区的三亚湾（表 5.6）。连锁型酒店多为星级连锁酒店和经济型连锁酒店，这类酒店会选择在客流量大、经济发展迅速和交通便利的地方开店，所以大多集中在吉阳区（14 家）的滨海地区，以其知名度和统一的经营方式打开海南游客市场。

表 5.6　连锁型酒店统计（2018 年）　　单位：家

镇区	酒店数量
吉阳区	14
天涯区	1
英州镇	1
椰林镇	2
“大三亚”地区	18

5.3.6　经济型酒店空间布局

经济型酒店多为旅游、出差人士所选择，价格低廉，服务快捷。

“大三亚”地区的经济型酒店规模较大，在空间上呈离散、均衡分布，但是在三亚湾、土福湾等湾区呈集聚分布（表 5.7）。经济型酒店几乎遍布“大三亚”的各个镇区，更符合大众化消费。但三亚的经济型酒店的数量均低于保亭、乐东和陵水，说明三亚的目标消费市场定位较高，区别于其他三个县优先发展经济型酒店的策略。陵水的经济型酒店数量远高于保亭和乐东，可见陵水有可能成为“大三亚”地区第二个经济快速崛起的区域。

表 5.7 经济型酒店统计（2018 年）

单位：家

镇区	酒店数量	镇区	酒店数量
保城镇	27	三道镇	4
抱由镇	29	什玲镇	2
本号镇	5	提蒙乡	1
佛罗镇	9	天涯区	8
光坡镇	1	万冲镇	1
海棠区	1	响水镇	3
黄流镇	25	新村镇	5
吉阳区	24	椰林镇	65
尖峰镇	11	英州镇	28
九所镇	9	莺歌海镇	5
利国镇	12	志仲镇	3
千家镇	5		

5.3.7 公寓型酒店空间布局

公寓型酒店是吸引懒人和忙人的酒店式服务公寓，最早始于 1994 年的欧洲，意为“酒店式的服务，公寓式的管理”，是当时旅游区内租给游客，供其临时休息的物业，由专门的管理公司进行统一上门管理，既有酒店的性质又相当于个人的“临时住宅”。这些物业就成了酒店式公寓的雏形。在公寓型酒店中，游客既能享受酒店提供的服务，又能享受居家的快乐，不仅可以有独立的卧室、客厅、卫浴间、衣帽间等，还可以在厨房里自己烹饪美味的佳肴。他们可以在酒店餐厅用早餐；房间请公寓的服务员清扫。需要送餐到房间、出差订机票时，只需打电话到服务台便可以解决。酒店型公寓主要集中在市中心的高档住宅区内，集住宅、酒店、会所多功能于一体，因此价格一般较高。

公寓型酒店在空间上呈点状集聚，主要分布在土福湾、三亚湾（表 5.8），吉阳区有 73 家，天涯区有 32 家，英州镇有 30 家。

表 5.8　公寓型酒店统计（2018 年）　单位：家

镇区	酒店数量	镇区	酒店数量
保城镇	3	九所镇	2
佛罗镇	2	天涯区	32
光坡镇	5	新村镇	3
海棠区	2	崖州区	1
黄流镇	1	椰林镇	4
吉阳区	73	英州镇	30

5.3.8　度假型酒店空间布局

度假型酒店以接待休假的客人为主，多兴建在海滨、风景区附近，其经营的季节性较强。度假型酒店要求有较完善的娱乐设施。

“大三亚”旅游经济圈有 434 家度假型酒店（表 5.9），数量较多，主要呈带状分布在东部和南部滨海地区，以及点状集聚在热带雨林资源地区。度假型酒店规模等级主要根据各镇度假型酒店的数量划分为 5 个等级：5 家以下的为第一等级；5～21 家的为第二等级；22～41 家的为第三等级；42～72 家的为第四等级；72 家以上的为第五等级。

高等级度假型酒店主要分布在三亚和英州镇，其余级别较低。处于第五等级的只有吉阳区和天涯区，第四等级的有海棠区和英州镇，第三等级的有保城镇，第二等级的有光坡镇、椰林镇、新村镇、三道镇、佛罗镇和尖峰镇，其余为第一等级。

表 5.9　度假型酒店统计　单位：家

镇区	酒店数量	镇区	酒店数量
保城镇	29	三道镇	7
本号镇	1	什玲镇	1
佛罗镇	5	天涯区	73
光坡镇	21	响水镇	1
海棠区	42	新村镇	8
黄流镇	1	崖州区	4
吉阳区	160	椰林镇	11
尖峰镇	10	英州镇	58
九所镇	1	“大三亚”地区	434
黎安镇	1		

5.4 餐饮数理统计与空间分布

5.4.1 快餐店空间布局

快餐店主要面向当地居民，为其提供便利，满足“上班族”快节奏生活的需求。其特点是快，且价格便宜。

快餐店主要分布在东部滨海地带，其中椰林镇、保城镇、英州镇分布较多。

5.4.2 中餐店空间布局

中餐店是向消费者提供 1～3 类传统菜品（包括淮扬菜、苏北土菜、江鲜、川菜、粤菜、湘菜和东北菜）服务的餐饮设施。

中餐店规模最大，主要围绕各市县行政区中心、景区和度假区集聚。由于抱由镇不在西部交通干线上，因此分布很少，而佛罗镇、黄流镇和九所镇有较多分布。以各区乡镇为单元，对各区乡镇中餐店数量展开统计，分析各区乡镇中餐店规模等级。吉阳区、英州镇、保城镇中餐店规模等级大，分别为 246 家、159 家、165 家；其次为椰林镇和天涯区，分别为 131 家、76 家（表 5.10）。

表 5.10 中餐店统计（2018 年） 单位：家

镇区	数量	镇区	数量
保城镇	165	三道镇	31
本号镇	2	什玲镇	5
佛罗镇	28	提蒙乡	2
光坡镇	28	天涯区	76
海棠区	37	文罗镇	1
黄流镇	49	响水镇	9
吉阳区	246	新村镇	4
加茂镇	5	新政镇	5
九所镇	42	崖州区	3
利国镇	23	椰林镇	131
毛感乡	1	英州镇	159
千家镇	4	莺歌海镇	8
三才镇	6	志仲镇	2

基于以上景区、酒店和餐饮的空间分布分析，笔者得出如下结论：景区、酒

店和餐饮在空间分布上匹配度较高。这种旅游设施分布模式，可以提高游客的消费效用。旅游设施空间分布主要以三亚湾为核心，沿海岸线分布，这种分布具有旅游资源（海水、阳光、沙滩）指向性、交通指向性和向海指向性。旅游设施空间过度集中分布，导致交通拥挤、生态环境质量降低、游客满意度降低。因此，笔者建议当地采取旅游设施向外发展、旅游旺季控制人流等措施。

第 6 章 “大三亚”集聚阴影区圈定

6.1 “大三亚”旅游业谱分析

6.1.1 三亚

根据旅游人数增长率，以 2005 年为时间点间隔，三亚旅游可以分为两个阶段：2005 年之前，三亚旅游人数增长率起伏较大，呈现波动幅度较大的增长；2005 年之后，旅游人数增长率表现平稳，维持在 10%（图 6.1）。

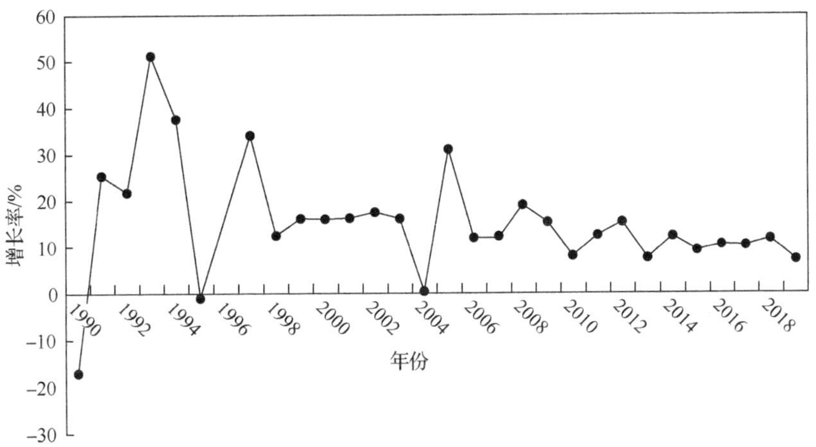

图 6.1 基于旅游人数增长率的三亚旅游人数频谱分析

6.1.2 集聚阴影区

历年集聚阴影区旅游人数增长率及旅游人数占三亚的比重（图 6.2）表明，集聚阴影区和三亚的旅游接待人数同步增长，集聚阴影区旅游人数增长率略高于三亚，但是由于基础差、起步晚，集聚阴影区旅游人数增长率及旅游人数占三亚的比重均未超过 20%，仍处于“集聚阴影”阶段。2000 年，集聚阴影区占三亚旅游人数比重不足 5%，2018 年占比达到 19%。2007 年，三亚接待游客人数超过 538 万人次，而由陵水、保亭、乐东组成的集聚阴影区接待的游客人数为 64 万人次，集聚阴影区占三亚旅游人数比重超过 10%。2009 年，集聚阴影区接待的游客人数超过

100 万人次，占比达到 15%。2018 年，集聚阴影区接待的游客人数超过 300 万人次，占比达到 19%。

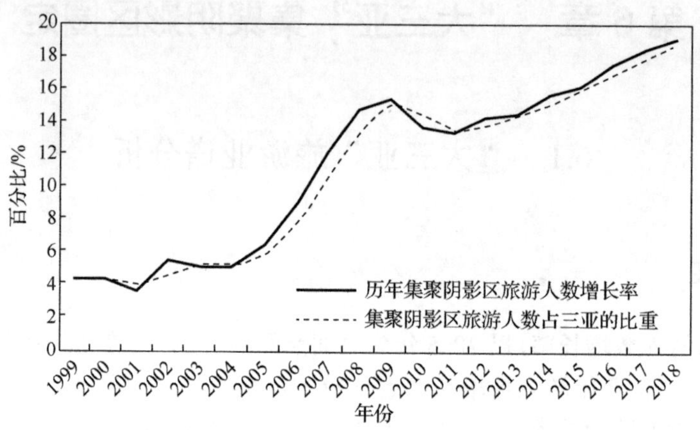

图 6.2 历年集聚阴影区旅游人数增长率及旅游人数占三亚的比重

1999～2018 年，三亚与集聚阴影区接待的游客人数差距不断拉大。2000 年，三亚接待游客人数超过 200 万人次，2018 年达到 1 623 万人次，18 年时间，增长了 1 423 万人次，年均增长约 79 万人次。而由陵水、保亭、乐东组成的集聚阴影区，2000 年接待的游客人数为 9 万人次，2018 年接待的游客人数达到了 308 万人次，增加了 299 万人次，年均增长约 17 万人次（图 6.3）。

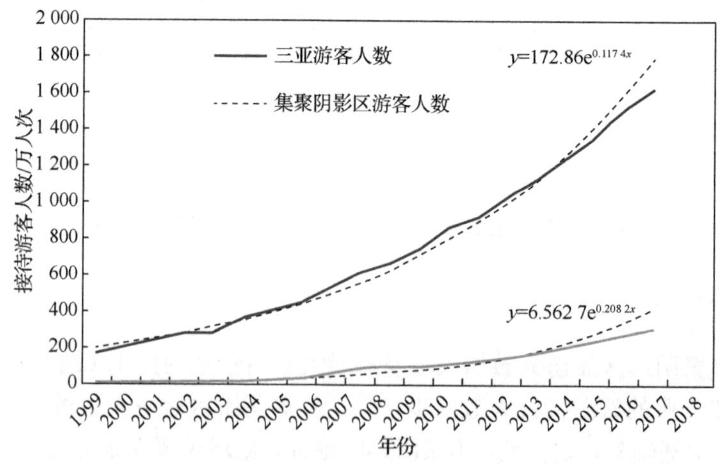

图 6.3 三亚与集聚阴影区的接待游客人数对比

6.2 “大三亚”旅游空间集聚与热点分析

6.2.1 基于集聚度竞争态模型的旅游空间集聚分析

参照前人产业竞争态模型构建方法，根据区位熵 L 值方法［式（2.21）］，在空间维度上选择产业集聚度（L）为横轴，在时间维度上选择产业集聚度增长指数（Q）为纵轴，集聚度增长指数的计算公式如式（6.1）所示。因为 L=1 代表了产业集聚度平均水平，因此将（1,0）作为模型临界值，构建产业集聚度竞争态模型（赵宏亮，2019）。该模型分为 4 个象限，具体如图 6.4 所示。

$$Q = \frac{L_{it} - L_{io}}{L_{io}} \times 100\% \tag{6.1}$$

式中，Q 为产业集聚度增长指数；L_{it} 为区域 i 第 t 年的区位熵；L_{io} 为区域 i 基年的区位熵。若 Q>0，则产业集聚度和竞争优势在增加；反之，则在减小。

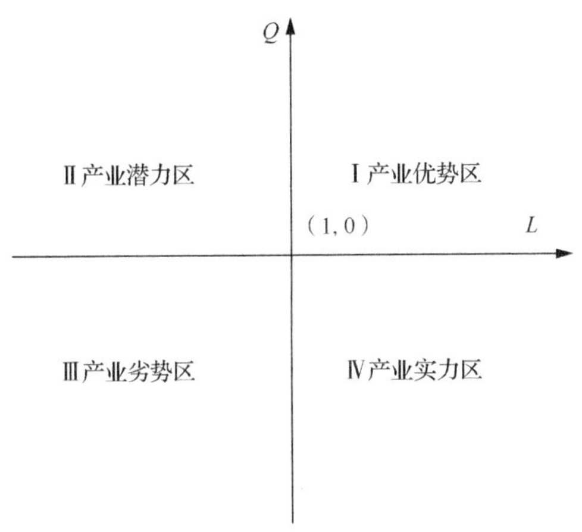

图 6.4 产业集聚度优势态

三亚位于产业实力区，L>1，Q<0，说明三亚旅游产业集聚度高于平均水平，且产业集聚度及产业竞争优势在减弱（表 6.1）。陵水、保亭和乐东位于产业潜力区，L<1，Q>0，说明该象限内县（区）旅游产业集聚度尚未达到平均水平，但一直处于增长状态，产业集聚度及产业竞争优势不断增强。

表 6.1 2006～2018 年“大三亚”市县旅游产业集聚度

市县	产业集聚度				集聚度增长指数	增长趋势
	2006 年	2011 年	2016 年	2018 年		
三亚	4.45	4.56	4.08	4.40	−1.31	产业实力区

续表

市县	产业集聚度				集聚度增长指数	增长趋势
	2006 年	2011 年	2016 年	2018 年		
陵水	0.38	0.66	0.95	1.15	201.08	产业潜力区
保亭	0.28	1.01	1.40	1.74	523.73	产业潜力区
乐东	0.05	0.03	0.27	0.32	609.53	产业潜力区

6.2.2 基于空间自相关的空间热点分析

空间相关性理论可以进一步挖掘空间地理现象与邻近地理对象的相关性，发现研究区内高值属性的单元聚集（热点）区域。集聚经济形成的过程就是地域经济活动集中，以及企业间信息和思想扩散的过程（苗长虹和崔立华，2003）。空间自相关可以量测空间事物的分布是否具有自相关性，高的自相关性代表了空间现象有集聚性的存在。如果度量的空间现象是区域经济，则空间自相关可以用于集聚经济程度的衡量。因此，空间自相关分析完全可以用于集聚经济的研究。在空间自相关用于探索集聚经济程度的地理格局时，全局空间自相关可探索研究区内产业集聚经济的存在性，局部空间自相关可获知集聚经济程度高（低）的具体空间分布。它的定义是当两个区域具有非零长度的共同边界时，矩阵相应位置上的元素为 1，否则该元素（包括对角线上的元素）就为 0。

1. 全局空间自相关

全局空间自相关检验指标 Moran's I 统计量可以用以下形式表示（Cliff and Ord，1981）：

$$I=\frac{\sum_{i}^{n}(x_i-\overline{x})\sum_{j=i}^{n}w_{ij}(x_j-\overline{x})}{s^2\sum_{i}^{n}\sum_{j=1}^{n}w_{ij}} \tag{6.2}$$

式中，$s^2=\frac{1}{n}\sum_{i}^{n}(x_i-\overline{x})^2$，$n$ 为观测值数目；x_i、x_j 为位置 i 和 j 的观察值；w_{ij} 为空间权重；$\overline{x}$ 为观测值的平均值。

在假设的显著性水平（如 1%）下，I 显著地大于 0，表明在整个分析层面上，产业具有显著的集聚经济水平。该值越大，产业的集聚经济水平就越高。I 显著地小于 0，表明相邻地区的产业集聚经济水平存在明显的差异。该值越小，它们之间的差异越大。该值趋于 0，表明研究区内各地的产业经济呈无规律的随机分布状态。

2. 局部空间自相关

通过局部 Moran's I 统计量，可以得到每个县（市）与其周边地区产业经济集聚程度的估计值，不仅定性区分出每个地区与其周边地区产业经济间的相互关系，还可以定量地得知这些关联的具体程度，并且通过地理信息系统的空间展示功能，显示它们在研究区域上的具体地理分布。局部 Moran's I 统计量具体表达式为（Anselin，1995）

$$I_i = (X_i - \overline{x})\sum_{j=1}^{n}(x_j - \overline{x}) \tag{6.3}$$

从该式中可发现 n 个区域空间自相关值 I_i 累计之和即为全局空间自相关 Moran's I 值。

如果某景区的局部 Moran's I 值是正数且数值较高，暗示该景区吸引力与邻近的景区有类似高的或低的吸引力，因此，这些景区有空间集聚性。空间集聚包括高-高值集聚和低-低值集聚。低-低值集聚称为冷点，而高-高值集聚称为区域性热点（李勇等，2010b）。

如果某景区的局部 Moran's I 值是负数且数值较高，就意味着该景区是一个空间离散点。空间离散点明显不同于其邻近景区的吸引力。空间离散包括高-低值离散和低-高值离散。高-低值离散被认为是孤立的个别热点（李勇等，2010b）。

从图 6.5（见彩插图 6.5）中可知，“大三亚”旅游景区吸引力空间热点在统计意义上具有显著性的有三亚的海棠区、崖州区，乐东的尖峰镇，保亭的三道镇，以及陵水的英州镇和光坡镇。“大三亚”旅游景区吸引力空间冷点在统计意义上具有显著性的有三亚的吉阳区。其余景区景点在吸引力统计上无显著意义。

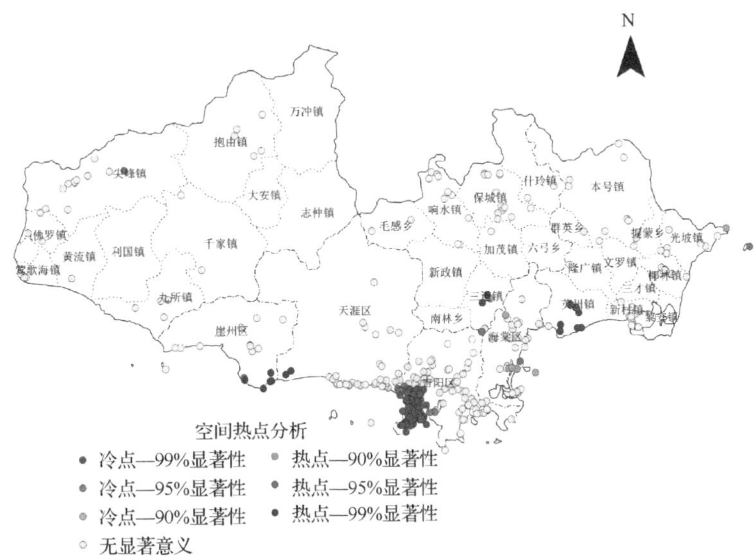

图 6.5　“大三亚”旅游景区空间热点分析示意图（2018 年）

海棠区、崖州区、尖峰镇、三道镇、英州镇和光坡镇景区存在个别热点，即有吸引力大的景区存在，但是在空间上尚未形成集聚。而吉阳区的景区存在多个冷点，景区吸引力虽不大，但是数量较多，密度较大，在空间上形成集聚。

6.3 “大三亚”集聚阴影地区空间范围划分

6.3.1 核密度分析

核密度估计（kernel density estimation，KDE）是空间密度分析中常用且有效的非参数估计方法。该方法基于地理学第一定律，计算结果表现出距离核心越近的区域所受中心辐射值越大的特征，符合旅游服务设施对周边位置影响的扩散特点，在旅游公共服务设施、旅游产业空间布局热点分析等领域得到了广泛应用。

在兴趣点特征表达的方法上，核密度分析模型是 Kerenel 网格密度分析空间要素数据聚集程度可视化研究的常用模型。核密度估计方法最先由罗森布拉特（Rosenblatt）和帕尔逊（Parzen）提出，其基本原理是以每个样点 $i\ (x, y)$ 为中心，通过核函数计算出每个样点在指定半径范围内（以带宽 h 为半径的圆）对各个栅格单元中心点的密度贡献值，搜索半径范围的栅格单元中心点距离样点越近，其样点的密度贡献值越大。最终将各栅格单元中心点密度值进行空间叠加生成核密度图，以此来显示样点的空间聚集情形。

核密度估计方法反映的是一种空间点位分布的相对集中程度，在计算二维数据时，常用的核密度估计函数表达式为（Schabenberger and Gotway，2004）

$$f(s)=\sum_{i=1}^{n}\frac{1}{h^2}k\left(\frac{s-c_i}{h}\right) \tag{6.4}$$

式中，$f(s)$ 为位置 s 处的核密度估计函数；h 为路径距离衰减阈值，即带宽；n 为与位置 s 的路径距离小于或等于 h 的 POI 点数；k 函数选择应用最普遍的 4 次空间权重方程（6.5）。

$$k\left(\frac{s-c_i}{h}\right)=\frac{3}{4}\left(1-\frac{(s-c_i)^2}{h^2}\right) \tag{6.5}$$

可以看出，在算法变量中带宽选择是唯一需要额外控制的重要参数。一般而言，地理模型作为真实世界的模拟，不同的研究尺度会选择不同的带宽。

自然点间断法能使类与类之间的差异最大化，断裂点本身就是分级的良好界限（刘凌波等，2019）。假定各 POI 数据具有相同的权重，因此不需要对每一坐标点设置权重，每一坐标点具有相同的权重地位。而带宽的选择需要多次迭代，才能最终确定所需要的带宽。在生成的密度图中，可以选择不同的分类方式，其中自然点间断法可以使各类之间的差异达到最大化，适用于核密度分析。核密度分析是空间分析中常用的方法。通过采用 ArcGIS 10.3 中 Spatial Analyst 工具中的核密度分析对景区、酒店和中餐店等数据进行空间密度计算及制图，可以将计算的结果分为 1～5 个等级，其中 1 级为密度最低，5 级为密度最高。

由景区 POI 核密度图、酒店 POI 核密度图和中餐店 POI 核密度图（图 6.6～图 6.8，见彩插图 6.6～图 6.8）可知，“大三亚”地区的景区、酒店和中餐店呈不均匀随机分布，最聚集的地方是南部的吉阳区；较聚集的地方是滨海地带。景区、酒店和中餐店的核心集聚区有部分重叠，但是中餐店的核心比酒店多，而酒店又比景区多。作为旅游吸引物的景区开发受旅游资源和交通条件的影响，而作为旅游服务设施的酒店和中餐店的规模与区位分布又受到景区规模和交通条件的影响。

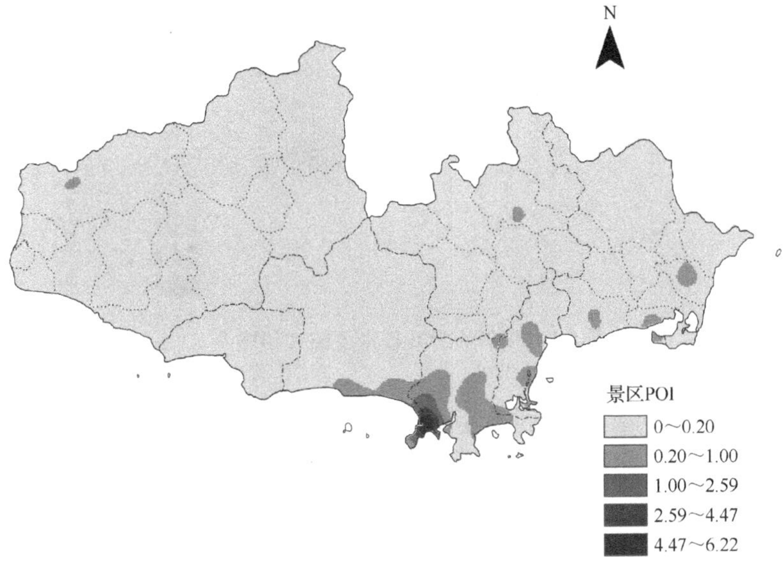

图 6.6 景区 POI 核密度图（2018 年）

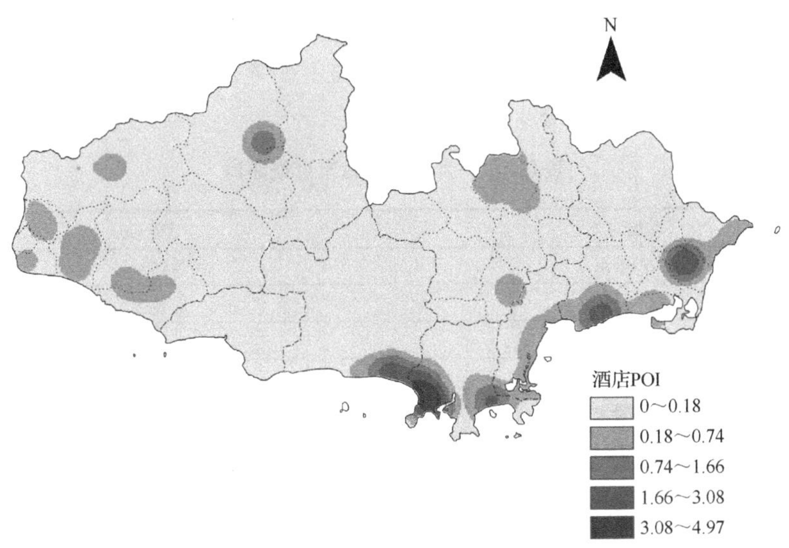

图 6.7 酒店 POI 核密度图（2018 年）

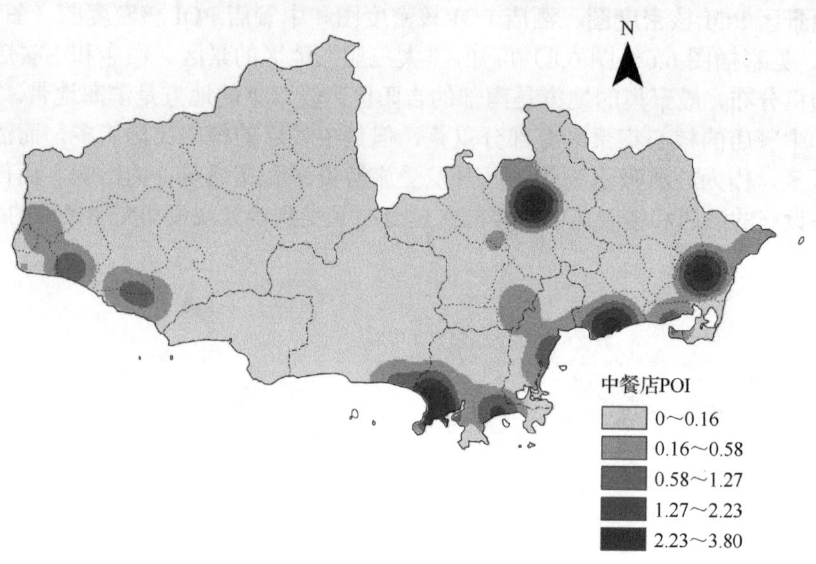

图 6.8　中餐店 POI 核密度图（2018 年）

6.3.2　断裂点测算

在断裂点公式应用中，距离参数和质量参数是影响模型的关键因素。如果选择“大三亚”城市直线距离作为距离参数，误差会增大（表 6.2）。因此，笔者对断裂点公式中的距离参数、质量参数进行了改进。根据景区 POI 核密度分析，三亚、陵水和保亭的景区核心在各自的政府所在地，而乐东的景区核心在尖峰岭景区，故在距离参数选择中，笔者将三亚与陵水、三亚与保亭的距离参数选择为各自政府所在地的直线距离，而三亚与乐东的直线距离是三亚市市政府所在区与尖峰岭镇的直线距离。

表 6.2　“大三亚”城市直线距离

城市对	距离/km
三亚-乐东	65.6
三亚-保亭	47.2
三亚-陵水	62.4
保亭-陵水	38.8
乐东-陵水	94.6
保亭-乐东	57.7

本节用旅游景区吸引力来表征城市旅游发展质量。基于景区吸引力的三亚与其他城市之间的断裂点如表 6.3 所示。$d_{三亚-陵水}$ 为 44.71km，$d_{三亚-保亭}$ 为 36.67km，

$d_{三亚-乐东}$为 64.88km。在得出断裂点距离的基础上，划定了“大三亚”集聚阴影区的空间范围（图 6.9）。实线范围内为三亚旅游辐射到的空间范围，实线范围外“大三亚”行政范围内则是集聚阴影区。

三亚吸引力范围包括崖州区、天涯区、吉阳区、海棠区、南林乡、三道镇、英州镇部分、新政镇部分、志仲镇部分、千家镇部分、九所镇部分（图 6.9）。而“大三亚”集聚阴影区包括万冲镇、抱由镇、尖峰镇、佛罗镇、莺歌海镇、黄流镇、利国镇、大安镇、志仲镇部分、千家镇部分、九所镇部分、毛感乡、响水镇、保城镇、什玲镇、加茂镇、六弓乡、新政镇部分、光坡镇、椰林镇、提蒙乡、本号镇、群英乡、隆广镇、文罗镇、三才镇、新村镇、黎安镇和英州镇部分。

表 6.3 基于景区吸引力的三亚与其他城市之间的断裂点

城市	吸引力	两者间直线距离/km	到断裂点的距离/km	到断裂点的距离占两地距离的比例/%
三亚	124 561	0	0	0
陵水	19 486	62.4	44.71	71.66
保亭	10 259	47.2	36.67	77.70
尖峰岭（乐东）	9 935	83.2	64.88	77.98

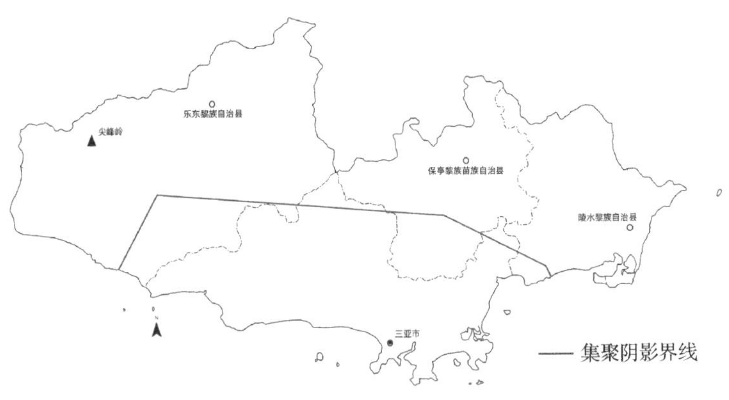

图 6.9 “大三亚”集聚阴影区的空间范围界定（2018 年）

第 7 章　基于 CAD 模型的集聚阴影实证

以陵水为个案，将资源环境承载力评估作为人口承载力的重要前提和底层架构，系统性构建资源-环境-经济模型来综合评估人口承载力，打破只考虑自然系统或经济系统评价人口承载力的思维局限。本章通过综合评估陵水资源-环境-经济的人口承载力，希望能够发现陵水人口承载力的短板。同时，引入内梅罗综合指数法，进一步评估人口承载力超载程度。基于 CAD 模型，结合区位熵测算的旅游产业空间集聚指数，计算集聚阴影指数，以此表征陵水处于“大三亚”旅游经济圈的边缘程度，既可为当地城乡精细化管理、生态文明建设水平系统性提升、公共基础设施城乡一体化和乡村振兴战略实施提供指导，也可为山水林田湖海治理、生态环境保护等各项工作提供科学依据。

7.1　常住人口承载力综合评价

陵水总面积 1 128km^2，位于海南岛的东南部，交通区位良好，东北至海口 196km，西南至三亚 60km。陵水设有椰林镇、新村镇、英州镇、本号镇、光坡镇、三才镇、黎安镇、隆广镇、文罗镇、提蒙乡、群英乡 11 个乡镇。2016 年，陵水全县户籍人口 38.04 万人。其中，农业人口 27.36 万人，非农业人口 10.68 万人，分别约占 71.9%和 28.1%。目前，陵水属于人口净流出地。2010～2016 年，陵水的户籍人口大约增加了 1 万人，但是常住人口数低于户籍人口数。从人口空间分布看，人口集中分布在椰林镇、新村镇和英州镇等滨海城镇。从人口结构分析，1953～2015 年，陵水城镇化水平不断提高，从 5%上升到 45%；2010 年至今，陵水人口老龄化日趋严重。

7.1.1　常住人口土地资源承载力评估

土地资源作为一种刚性约束，在物理空间上是一个限值。因此，土地资源人口承载力也可称为极限常住人口承载力。目前，陵水的现状建设用地为 147.47km^2，现状建设开发程度为 32%。其中，建制镇建设用地面积为 16.63km^2，村庄建设用地面积为 56.25km^2，分别占总建设用地面积的 11.28%和 38.14%。陵水建设开发适宜性评价结果表明，陵水适宜性建设开发用地为 330.47km^2，占陵水空间面积的

29%，而 71%的空间不适宜或基本不适宜建设。对比现状建设用地和适宜性建设开发用地，笔者发现，陵水适宜性建设开发用地与现状建设用地重叠的区域只有 18km^2，现状建设用地主要分布在沿海区域，用地性质主要是风景名胜，而适宜性建设开发用地主要分布在内陆区域，这为陵水未来发展预留了大量的发展空间资源。同时，陵水城镇和村庄的人均建设用地分别为 180m^2 和 237m^2，均超过海南省及国家的人均建设用地标准，这表明当前陵水土地开发利用方式较为粗放。

对现状建设用地与适宜性建设开发用地合并后的土地面积进行匡算（表 7.1），得出陵水土地极限人口承载人数为 328 万人，土地警戒人口承载人数为 286 万人，土地适度人口承载人数为 228 万人。

表 7.1　陵水各乡镇土地资源可载理论人口数　单位：万人

乡镇	极限人口	警戒人口	适度人口	乡镇	极限人口	警戒人口	适度人口
本号镇	82	72	58	提蒙乡	9	8	6
光坡镇	29	26	20	文罗镇	30	26	21
黎安镇	15	13	11	新村镇	15	13	10
隆广镇	28	24	19	椰林镇	22	19	15
群英乡	25	22	17	英州镇	54	47	38
三才镇	19	16	13	全县	328	286	228

陵水城镇人口承载力评估如下（表 7.2）：本号镇、光坡镇、黎安镇、隆广镇、三才镇、文罗镇、新村镇、椰林镇、英州镇的城镇人口处于可载状态，而群英乡、提蒙乡的城镇人口为超载状态。究其超载原因，主要是城镇建设用地供给与人口社会经济发展出现不平衡、不匹配，土地城镇化滞后于人口城镇化。

表 7.2　2015 年陵水城镇常住人口承载力评估

乡镇	建设用地/km^2	标准/（m^2/人）	理论人口/人	实际人口/人	承载状态
本号镇	1.28	100	12 798	5 021	可载
光坡镇	1.05	100	10 537	2 925	可载
黎安镇	0.84	80	10 443	918	可载
隆广镇	0.28	100	2 800	547	可载
群英乡	—	100	—	3 591	超载
三才镇	0.78	100	7 784	2 106	可载
提蒙乡	0.26	100	2 556	2 761	超载
文罗镇	0.46	100	4 574	1 991	可载
新村镇	1.37	80	17 181	5 719	可载
椰林镇	8.33	80	104 162	44 404	可载
英州镇	1.98	80	24 770	8 319	可载
合计			197 605	78 302	

陵水农村人口承载力评估如下（表 7.3）：本号镇、光坡镇、隆广镇、群英乡、三才镇、提蒙乡、文罗镇、英州镇的农村人口处于可载状态，新村镇的农村人口处于临界超载状态，而黎安镇、椰林镇的农村人口为超载状态，主要原因是人口城镇化滞后于土地城镇化。

表 7.3　2015 年陵水农村常住人口承载力评估

乡镇	建设用地/km^2	标准/（m^2/人）	理论人口/人	实际人口/人	承载状态
本号镇	7.71	140	55 055	29 361	可载
光坡镇	5.87	140	41 918	22 567	可载
黎安镇	1.13	140	8 061	18 091	超载
隆广镇	6.01	140	42 944	20 410	可载
群英乡	1.53	140	10 905	3 440	可载
三才镇	4.44	140	31 729	12 824	可载
提蒙乡	4.98	140	35 594	15 573	可载
文罗镇	5.76	140	41 150	13 771	可载
新村镇	3.89	140	27 757	24 393	临界超载
椰林镇	7.08	140	50 575	62 204	超载
英州镇	7.86	140	56 115	35 966	可载
合计			401 803	258 600	

综合城镇人口和农村人口的承载评估结果，根据短板效应，笔者得出 2015 年陵水各乡镇的土地资源人口承载力评估结果：本号镇、光坡镇、隆广镇、三才镇、文罗镇、英州镇处于可载状态，新村镇处于临界超载，而群英乡、提蒙乡、黎安镇、椰林镇为超载状态。处于可载状态的乡镇，其人口城镇化与土地城镇化同步，而处于临界超载或超载状态的乡镇，其人口城镇化与土地城镇化不同步。

7.1.2　常住人口水资源承载力评估

对常住人口水资源承载力展开评估（表 7.4），陵水丰水线人口承载力为 27.8 万人，水资源警戒人口承载力为 49.06 万人，水资源极限人口承载力为 83.40 万人。与 2015 年常住人口相比较，本号镇、隆广镇、群英乡、文罗镇处于水资源人口承载力盈余状态，光坡镇、三才镇、提蒙乡、英州镇处于水资源人口承载力适度状态，黎安镇、新村镇处于水资源人口承载力警戒状态，而椰林镇处于水资源人口承载力危机状态。危机状态的乡镇用水构成主要是生活用水，盈余或适度状态的乡镇用水构成主要是农业用水。因此，应促进生产生活用水的平衡，一方面，提高农业用水效率，打造节约型用水生态农业；另一方面，加大生活用水的供给，满足当地居民的生活用水需求。

表 7.4　2015 年陵水各乡镇多年平均水资源常住人口承载力

乡镇	常住人口/万人	水资源总量/万 m^3	丰水线人口承载力/万人	警戒人口承载力/万人	极限人口承载力/万人	承载状态	生活用水量		农业用水量灌溉用水/万 m^3
							农村/万 m^3	城镇/万 m^3	
本号镇	3.16	22 800	7.60	13.41	22.80	盈余	78.47	29.79	6 376.19
光坡镇	2.54	7 600	2.53	4.47	7.60	适度	50.62	21.52	3 900.25
黎安镇	2.03	2 600	0.87	1.53	2.60	警戒	62.36	11.27	0.00
隆广镇	2.11	7 900	2.63	4.65	7.90	盈余	38.38	15.27	597.95
群英乡	0.71	6 200	2.07	3.65	6.20	盈余	17.68	40.34	0.00
三才镇	1.63	4 600	1.53	2.71	4.60	适度	107.74	25.43	2 463.86
提蒙乡	1.87	4 200	1.40	2.47	4.20	适度	46.74	14.94	0.00
文罗镇	1.57	5 100	1.70	3.00	5.10	盈余	38.79	12.84	0.00
新村镇	3.43	4 500	1.50	2.65	4.50	警戒	25.16	143.37	0.00
椰林镇	10.53	7 000	2.33	4.12	7.00	危机	159.46	604.95	0.00
英州镇	4.93	10 900	3.63	6.41	10.90	适度	77.60	46.29	1 363.74
合计	34.51		27.80	49.06	83.40		703.00	966.00	14 702.00

7.1.3　常住人口水环境承载力评估

陵水常住人口水环境承载力的限值是存在的，不同发展模式、不同污染控制力对应不同的限值。若要实现污染物入河（库）量小于环境容量的 80%（因水环境背景值难求，故用环境容量的 80%代表了目标值减去水环境背景值的数值），必须采取极其严格的手段控制污染物入河（库），以达到预期的目标。陵水地表水氨氮环境容量为 839 t/a（表 7.5）。

表 7.5　陵水各乡镇地表水氨氮环境容量

乡镇	面积/km^2	多年平均		水质目标/（g/m^3）	氨氮环境容量/（t/a）	80%的氨氮环境容量/（t/a）
		年径流深/mm	径流量/亿 m^3			
椰林镇	72.5	965	0.70	III	70	56
光坡镇	75.0	1 008	0.76	IV	114	91.2
三才镇	51.0	892	0.45	IV	67.5	54
英州镇	129.0	836	1.08	IV	162	129.6
隆广镇	84.0	934	0.78	III	78	62.4
文罗镇	52.0	972	0.51	IV	76.5	61.2
本号镇	187.0	1 210	2.26	II	113	90.4
新村镇	54.0	829	0.45	IV	67.5	54
黎安镇	32.0	817	0.26	IV	39	31.2

续表

乡镇	面积/km^2	多年平均		水质目标/(g/m^3)	氨氮环境容量/(t/a)	80%的氨氮环境容量/(t/a)
		年径流深/mm	径流量/亿 m^3			
提蒙乡	40.0	1 033	0.41	Ⅱ	20.5	16.4
群英乡	53.0	1 165	0.62	Ⅱ	31	24.8
全县					839	671.2

水环境氨氮的来源主要是生活废水。由于污染来源不同，控制技术、管理手段等不尽相同，考虑到技术发展水平、管理水平和经济水平等因素的影响，要实现目标值，不同来源污水必须达到的控制要求如表 7.6 所示，而且这些要求是硬指标，在此基础上，进一步计算确定在此条件下人口的最大值。

表 7.6 陵水各乡镇地表水环境氨氮的常住人口承载力计算过程

污染类别	控制要求	计算公式	计算过程	计算结果
城镇生活（含服务业）污染	100%纳管，经处理后按照一级 A 标准达标排放	城镇生活污染负荷产生系数×人口×10^{-6}×365×污水处理厂尾水排放浓度×10^{-2}	$7.52 \times X \times 10^{-6} \times 365 \times 8 \times 10^{-2}$	$2.2X \times 10^{-4}$
农村生活污染	农村生活污水 90%纳管，同样执行一级 A 排放标准	90%纳管：农村生活污染负荷产生系数×人口×10^{-6}×365×0.9×污水处理厂尾水排放浓度×10^{-2}	90%纳管：$4.39 \times Y \times 365 \times 0.9 \times 10^{-6} \times 8 \times 10^{-2}$	$2.75Y \times 10^{-4}$
		10%直排：农村生活污染负荷产生系数×人口×10^{-6}×365×0.1	10%直排：$4.39 \times Y \times 10^{-6} \times 365 \times 0.1$	
合计			$2.75Y \times 10^{-4} + 2.2X \times 10^{-4}$	

根据表 7.6 估算的氨氮环境容量，可以展开各乡镇基于地表水氨氮理想环境容量的人口承载力评估，以此估算各乡镇在氨氮排放不超标的前提下可载的理论人口数（表 7.7），得出整个陵水水环境极限人口承载力为 244 万人。

在对当前陵水常住人口水环境承载力进行评估时，笔者先将 2015 年陵水常住人口与水环境理论人口限值相比，再根据当前水环境质量状态，得到 2015 年陵水各乡镇常住人口水环境承载力综合评估结果（表 7.7）。其中，本号镇、光坡镇、黎安镇、新村镇、英州镇为超载状态。

表 7.7 2015 年陵水各乡镇常住人口水环境承载力综合评估结果 单位：万人

乡镇	常住人口	理论人口	当前水环境状态	承载状态
本号镇	3.16	33	污染	超载
光坡镇	2.54	33	污染	超载
黎安镇	2.03	2	污染	超载

续表

乡镇	常住人口	理论人口	当前水环境状态	承载状态
隆广镇	2.11	23	否	可载
群英乡	0.71	9	否	可载
三才镇	1.63	20	否	可载
提蒙乡	1.87	6	否	可载
文罗镇	1.57	22	否	可载
新村镇	3.43	20	污染	超载
椰林镇	10.53	20	否	可载
英州镇	4.93	47	污染	超载

7.1.4　常住人口经济承载力评估

2017 年，全国人均 GDP 为 59 660 元。2017 年，陵水常住人口为 33.15 万人，地区生产总值为 149.4 亿元，根据式（2.14），得到 E=1.32，则陵水常住人口经济处于超载状态。2017 年，陵水常住人口经济承载力为 25.04 万人，超载人口数为 8.11 万人。

7.1.5　常住人口承载力综合评估

将单项人口承载指数的平均值 0.88 和单项人口承载指数的最大值 1.63（表 7.8）代入式（2.20）可得，2016 年陵水常住人口综合承载指数为 1.31，属于轻度超载。

表 7.8　2016 年陵水常住人口单项承载指数　　单位：万人

单项因子	极限理论人口/万人	实际常住人口/万人	单项人口承载率
土地资源	229	37.58	0.16
水资源	83.4	37.58	0.45
水环境	244	37.58	0.16
人均 GDP	25.04	37.58	1.50
$P_{平均}$	0.88		
$P_{i\max}$	1.63		

基于人口承载力的资源-环境-经济评估模型，可知陵水常住人口承载力处于轻度超载状态，基础设施与经济因素为其人口承载力的短板。其中，陵水常住人口土地资源承载力和水环境承载力均处于可载状态，常住人口水资源承载力适度，经济承载力处于超载状态。人口分布与资源环境承载力耦合度不高，导致了提蒙乡、光坡镇、黎安镇、新村镇、椰林镇和英州镇 6 个乡镇人口承载力超载。超载

成因主要表现在以下几个方面。

1）陵水土地开发利用方式较为粗放，人口城镇化与土地城镇化不同步。主要表现为城镇建设用地供给与人口社会经济发展之间不平衡的关系，土地城镇化滞后于人口城镇化。

2）陵水生产与生活用水量不平衡。常住人口水资源超载的乡镇用水构成主要是生活用水，可载的乡镇用水构成主要是农业用水。常住人口水环境承载力超载的主要原因是城镇生活废水、农村生活废水集中处理设施覆盖率较低，废水处理厂的废水处理量大大低于废水排放量，且农业面源污染普遍存在，导致水环境容量逐步降低。

3）陵水经济总体发展质量不高、结构不优，新的经济增长点仍处于培育壮大阶段。道路等基础设施建设较为滞后，房地产开发与当地居民的需求产生结构性矛盾，主要表现在高档商品房过度开发，而保障性住房供给不足。

7.2 旅游人口承载力综合评估

陵水旅游是由核心景点、旅游度假区和旅游酒店等主要旅游要素构成的。本节主要对上述旅游要素的资源空间承载力、旅游人口酒店承载力、生态环境承载力、经济承载力展开评估，采用综合评估方法测算陵水旅游人口承载力。

7.2.1 资源空间承载力评估

1. 景区一日游游客承载力评估

截至 2018 年，陵水拥有 1 个 5A 级景区，2 个 4A 级景区，1 个 3A 级景区，以及 5 个 3～4 椰级乡村旅游点，具体包括分界洲岛旅游区（5A）、南湾猴岛生态旅游区（4A）、清水湾旅游区（4A）、椰田古寨景区（3A）等。本节主要针对 2018 年海南省旅游和文化广电体育厅公布的全省 A 级景区名录进行评估。

人均基本空间标准选取依据（表 7.9）：分界洲岛旅游区、清水湾旅游区、椰田古寨景区参照《风景名胜区总体规划标准》（GB/T 50298—2018）。旅游景区主要景点的人均基本空间标准为 50～100m^2（景点面积）；一般景点为 100～400m^2（景点面积）。结合景区特征，确定景区人均基本空间：分界洲岛旅游区 50m^2、清水湾旅游区 100m^2、椰田古寨景区 50m^2。而南湾猴岛生态旅游区的人均基本空间标准参照《自然保护区生态旅游规划技术规程》（GB/T 20416—2006），人均基本空间为 1 000m^2。

表 7.9　主要生态旅游区的容量指标

生态旅游区（点）	单位	容量指标	生态旅游区（点）	单位	容量指标
水浴区	m^2/人	50	登山步道	m^2/人	20（10）
游泳岸线	m^2/人	10	观鸟区	m^2/人	500
滑雪场	m^2/人	100	动物观赏区	m^2/人	1000
划船	m^2/艘	250	植物观赏区	m^2/人	300
垂钓区	m^2/人	80	露营地	m^2/人	200
自行车道	m/辆	30	停车场（小车）	m^2/辆	25
骑马场	m/人	30	停车场（大车）	m^2/辆	80
游步道	m^2/人	30（15）			

注：括号中数据的单位为 m/人。

陵水主要景区资源空间承载力测算如表 7.10 所示。分界洲岛旅游区每日承载力为 0.87 万人次，南湾猴岛生态旅游区每日承载力为 1.17 万人次，清水湾旅游区每日承载力为 2.67 万人次，椰田古寨景区每日承载力为 0.37 万人次。

表 7.10　陵水主要景区资源空间承载力测算

景区名称	计算面积/万 m^2	人均基本空间/m^2	景区游线长度/m	人均基本长度/m	日均开放时间/h	平均游览时间/h	日承载力/万人次
分界洲岛旅游区（5A）	41	50			9.5	9	0.87
南湾猴岛生态旅游区（4A）	300	1 000	7 000	10	9.5	3	1.17
清水湾旅游区（4A）	53.33	100			10	2	2.67
椰田古寨景区（3A）	3.63	50	1 000	5	8	2	0.37
小计							5.08

可见，陵水主要景区日资源空间承载力为 5.08 万人次；适游时间为 330d/a（去除恶劣天气，主要为台风天气），年景区资源空间承载力为 1 676.4 万人次。

2. 度假区一日游游客承载力评估

由于数据获取有限，本节只对度假区的空间承载力进行评估。截至 2018 年，陵水已经建成的度假区为香水湾旅游区、土福湾旅游区，正在开发建设的度假区为黎安港先行试验区、吊罗山旅游区、陵水河口旅游区。度假区旅游人口包括长期度假游客和短期游客。但是长期度假游客需要酒店等旅游服务配套设施，故在此不予考虑。

按照《旅游规划通则》（GB/T 18971—2003），鉴于陵水生态环境脆弱且复杂的特殊性，借鉴国内外旅游目的地的现有研究成果，本节应用空间容量评估理论，建立了旅游区旅游人口资源空间承载力计算指标体系，给出了各指标计算公式，并以此作为旅游人口资源空间承载力的评估标准。根据陵水旅游区的环境特点、旅游方式及有效空间，分别计算旅游人口资源空间承载力，并以此为依据确定旅游人口资源空间承载力阈值。

旅游人口资源空间承载力计算方法参考式（2.15）。人均空间标准参照《风景名胜区总体规划标准》（GB/T 50298—2018）、《自然保护区生态旅游规划技术规程》（GB/T 20416—2006），黎安港先行试验区、香水湾旅游区、土福湾旅游区为 50m^2，陵水河口旅游区为 100m^2；吊罗山旅游区参照《国家级森林公园总体规划规范》（LY/T 2005—2012），人均空间标准为 100m^2。按照旅游人口资源空间承载力（表 7.11）计算，陵水主要度假区日资源空间承载力为 10.34 万人次，年度假区资源空间承载力为 3 412.2 万人次。

表 7.11 陵水主要度假区旅游人口资源空间承载力一览表

参数	黎安港先行试验区	香水湾旅游区	土福湾旅游区	陵水河口旅游区	吊罗山旅游区	合计
A/km^2	65	13	8.2	4.2	28	118.4
β 有效因子	0.03	0.03	0.03	0.03	0.03	
人均空间标准/（m^2/人）	50	50	50	100	100	
T/h	15	12	12	12	12	
t/h	12	4	4	4	8	
D/（万人次/d）	4.88	2.34	1.48	0.38	1.26	10.34
适游时间 n/（d/a）	330	330	330	330	330	
Q/（万人次/a）	1 610.4	772.2	488.4	125.4	415.8	3 412.2

7.2.2 旅游人口酒店承载力评估

旅游人口酒店承载力计算方法参考式（2.18）。旅游目的地旅游人口承载力取决于旅游设施的接待能力，旅游设施可将酒店住宿的供给能力作为指标，也是最基本的指标。因此，本节的旅游人口酒店承载力只考虑星级酒店与非星级宾馆（部分国际知名酒店和精品酒店未参与国内的星级酒店评定）提供的床位数指标。本节采用的是 2017 年的陵水酒店企业数据，来测算其旅游人口酒店承载力。

2017 年，陵水共接待过夜游客 172.21 万人次，其中，光坡镇接待过夜游客 10.67 万人次，新村镇接待过夜游客 16.37 万人次，椰林镇接待过夜游客 91.83 万人次，英州镇接待过夜游客 53.33 万人次。

陵水各乡镇旅游人口酒店日承载力约为 2.38 万人次，年承载力为 867.53 万人次。陵水旅游人口酒店承载力主要集聚在滨海一带。其中，英州镇年承载力为 372.59 万人，椰林镇为 294.52 万人次，光坡镇为 122.57 万人次，新村镇为 73.26 万人次，文罗镇为 4.6 万人次。陵水各乡镇旅游人口酒店承载力如表 7.12 所示。

表 7.12　陵水各乡镇旅游人口酒店承载力

乡镇	客房数	床位数	入住天数	承载力/万人次
本号镇	0	0	365	0
光坡镇	1 827	3 358	365	122.57
三才镇	0	0	365	0
提蒙乡	0	0	365	0
文罗镇	53	126	365	4.60
新村镇	1 082	2 007	365	73.26
椰林镇	4 620	8 069	365	294.52
英州镇	6 240	10 208	365	372.59
总数	13 822	23 768	365	867.53

陵水主要有 5 种酒店类型，分别为长住型酒店、经济型酒店、民宿、度假型酒店、公寓型酒店（表 7.13）。光坡镇拥有度假型酒店 14 家；椰林镇大部分为经济型酒店；英州镇则汇聚了度假型酒店、经济型酒店、公寓型酒店、长住型酒店；长住型酒店主要分布在椰林镇和英州镇。

表 7.13　陵水酒店类型及旅游人口承载力

类型	家数	客房数	床位数	入住天数	承载力/万人次
度假型酒店	93	9 064	15 306	365	558.67
公寓型酒店	39	905	1 964	365	71.69
经济型酒店	107	2 716	4 613	365	168.37
民宿	11	59	107	365	3.91
长住型酒店	17	669	1 128	365	41.17

7.2.3　生态环境承载力评估

旅游人口生态环境承载力是指在旅游目的地生态环境不至于被破坏的前提下，旅游景区所能容纳游客数量的最大值。旅游人口环境承载力计算方法参考式(2.16)。

生活污水容量：陵水现有污水处理厂 4 座，分别为陵水城市污水处理厂、清水湾污水处理厂、土福湾污水处理厂、香水湾污水处理厂，每天可处理的污水量为 6.6 万 t（原有 2.6 万 t/d 处理能力，新建清水湾污水处理工程的处理能力为 1.5 万 t/d，新建英州镇赤岭片区污水处理厂的处理能力为 1 万 t/d，县城污水处理厂二期工程污水处理能力为 1.5 万 t/d）。按照城市居民平均用水标准，海南省居民生活用水为每人 0.15～0.22t/d［参照《城市居民生活用水量标准》（GB/T 50331—

2002)]，2018 年末陵水全县常住人口为 33.39 万人，其中城镇人口 15.63 万人，城镇人口最大用水量为 3.44 万 t/d。排污量一般按照用水量的 80%计算，污水量为 2.75 万 t/d，按照现有处理能力，则污水处理空间还剩下 3.85 万 t/d 可以用于游客产生的污水处理。按照中国游客用水标准，平均每位游客污水排放量为 0.24t/d，通过公式计算，可知生活污水环境承载力为 16.04 万人/d。

7.2.4　经济承载力评估

决定经济承载力的因素很多，可分为旅游内部经济因素，即旅游设施；旅游外部经济因素，即基础设施、支柱产业等。旅游目的地的经济承载力可以将旅游设施的供给能力作为指标。设施承载量是指在一定时间条件下，景区内各项旅游服务设施在正常工作状态下，能够服务的最大游客数量。本节主要采用旅游设施（主要指景区内停车场）对旅游人口经济承载力进行评估，计算方法参考式(2.16)。

常见的旅游大巴车车座数为 33 座、37 座、45 座、53 座、61 座，假设每类大巴车停靠在景区的概率是相等的，取平均数为 46 座。因此，本节按照旅游大巴车 46 座/车计算，小车则按照 5 座/车计算。

陵水各景区停车场承载力如表 7.14 所示，景区停车场日承载力为 10.18 万人次。其中，分界洲岛旅游区停车场日承载力为 1.46 万人次；南湾猴岛生态旅游区停车场日承载力为 2.04 万人次；清水湾旅游区停车场日承载力为 3.29 万人次；椰田古寨景区停车场日承载力为 3.39 万人次。

表 7.14　陵水各景区停车场承载力

景区	旅游大巴停车位数量/个	小车停车位数量/个	周转率/%	停车场日最大承载力/万人次
分界洲岛旅游区（5A）	139	1 494	1.06	1.46
南湾猴岛生态旅游区（4A）	75	625	3.17	2.04
清水湾旅游区（4A）	42	787	5	3.29
椰田古寨景区（3A）	180	40	4	3.39
小计				10.18

注：周转率=营业时间/平均游览时间。

陵水旅游人口承载力主要分布在滨海一带，共有游览点 43 处。黎安镇旅游人口经济承载力为 13 334～32 500 的游览点 1 处；光坡镇旅游人口经济承载力为 8 201～8 692 的游览点 1 处，旅游人口经济承载力为 8 693～13 333 的游览点 1 处；新村镇旅游人口经济承载力为 8 693～13 333 的游览点 1 处；椰林镇旅游人口经济承载力为 4 201～8 200 的游览点 1 处；本号镇旅游人口经济承载力为 4 201～8 200 的游览点 1 处；英州镇旅游人口经济承载力为 8 693～13 333 的游览点 1 处；旅游人口经济承载力为 8 201～8 692 的游览点 2 处。

7.2.5　旅游人口评估指标的选取和综合评估

根据短板理论，针对每一个区域（景区景点、酒店、购物场所）参考基础评估结果，选取重点指标进行综合评估，计算现状条件下旅游人口综合承载力。

陵水景区和度假区一日游游客日承载力为 15.42 万人次，年承载力为 5 088.6 万人次。陵水旅游人口酒店日承载力为 2.38 万人次，年承载力为 867.53 万人次。

因此，陵水旅游人口极限承载力=景区旅游人口承载力+旅游区旅游人口承载力+旅游人口酒店承载力=17.80 万人次/d，环境承载力为 16.04 万人次/d，但是由于环境承载力为短板，陵水旅游人口综合承载力为 16.04 万人次/d，年承载力为 5 854.6 万人次（表 7.15）。

表 7.15　陵水旅游人口综合承载力　　单位：万人次/d

区域	资源承载力	环境承载力	经济承载力	综合承载力
分界洲岛旅游区（5A）	0.87	16.04	1.46	0.87
南湾猴岛生态旅游区（4A）	1.17		2.04	1.17
清水湾旅游区（4A）	2.67		3.29	2.67
椰田古寨景区（3A）	0.37		3.39	0.37
黎安港先行试验区	4.88			4.88
香水湾旅游区	2.34			2.34
土福湾旅游区	1.48			1.48
陵水河口旅游区	0.378			0.378
吊罗山旅游区	1.26			1.26
酒店	2.38			2.38
承载力加和	17.80	16.04		16.04

2018 年陵水接待游客 531.5 万人次，接待过夜游客 280.04 万人次，景区和旅游区的资源承载力、环境承载力、经济承载力均不超载，酒店承载力也处于可载状态（表 7.16）。

表 7.16　2018 年陵水旅游人口承载力综合评估

承载力类型	资源承载力	环境承载力	经济承载力	酒店承载力
承载状态	可载	可载	可载	可载

陵水旅游人口承载力瞬时超载，如节假日、旅游旺季等。而在旅游淡季，空间承载力、经济承载力，以及旅游酒店为可载状态。分界洲岛旅游区（5A）2018 年春节黄金周接待游客 9 万人次，日均接待游客 1 286 人次，属于局部瞬时超载；南湾猴岛生态旅游区（4A）2018 年春节黄金周接待游客 6.35 万人次，日均接待游客 9 071 人次，属于临近超载；椰田古寨景区（3A）2015～2018 年共接待游客

618 万人次，日均接待游客 0.56 万人次，属于超载。其他旅游景区、度假区、酒店目前为可载状态。

目前来看，陵水游客接待量和旅游人口承载力还有一定差距，总体上旅游人口承载力处于适载阶段。超载成因主要表现在：旅游区（香水湾旅游区、土福湾旅游区、陵水河口旅游区、吊罗山旅游区）旅游设施建设稍显不足（应进一步优化和完善旅游基础设施）；生态承载力较为脆弱。

7.3 CAD 模型验证

陵水常住人口承载力处于轻度超载状态，旅游人口承载力处于可载状态。根据表 6.1 陵水旅游产业集聚度（1.15），2018 年实际接待游客 531.5 万人次，接待过夜游客 280.04 万人次，而环境极限理论人口为 5 854.6 万人次，景区和度假区极限理论人口为 5 086.23 万人次，酒店极限为 868.7 万人次（表 7.17）。

表 7.17 2018 年陵水旅游人口单项承载指数

单项因子	极限理论人口/万人次	实际常住人口/万人次	单项人口承载率
景区和度假区	5 086.23	531.5	0.10
酒店	868.7	280.04	0.32
水环境	5 854.6	531.5	0.09
$P_{平均}$	0.17		
$P_{i\max}$	0.32		

利用式（2.19）、式（2.20）可以计算 $P_{综合}$ 为 0.26，再根据式（3.2），计算集聚阴影指数 H，为 0.23。因此，陵水处于“大三亚”旅游经济圈集聚阴影区的空间范围。旅游人口承载力（F_3）为可载，集聚力（F_1）大于扩散力（F_2），旅游业处于发展阶段。

第 8 章 “海澄文”省会经济圈

打造“海澄文”省会经济圈，是推动海南省实现“大发展、大合作、大开放、大生态”的一个重大区域发展战略，有利于实现“三区一中心”战略的定位。通过推进“海澄文”经济、社会、生态一体化，可实现区域联动有序发展。同时，还有助于解决“海澄文”发展过程中存在的一些问题，如经济总量较小，集聚能力相对于辐射能力较弱；城镇化发展不均衡，且部分地区城镇化水平较低；以旅游业为龙头的现代服务业尚未形成区域主导产业；土地开发趋向沿海集中，腹地开发相对不足，园区建设用地利用粗放；区域整体发展差距悬殊，公共服务水平差距大。

8.1 地理区位

“海澄文”省会经济圈以省会城市海口为核心，包括澄迈、文昌，是琼州海峡经济带的南岸核心区。海口是“21 世纪海上丝绸之路”的战略支点城市和重要港口城市，是南海开发服务综合保障前沿基地，而澄迈与文昌是三沙战略腹地，通过统筹建设“海澄文”区域，可为南海开放开发服务。

“海澄文”三市县濒临琼州海峡，最近处距雷州半岛仅 18 海里，地处中国东部沿海与北部湾各港口航运的咽喉。北部湾处于华南经济圈、西南经济圈和东盟经济圈的结合部，是中国西部大开发区中唯一的沿海区域，其介于东亚和东南亚之间，是重要的海上交通枢纽，已逐渐成为沟通中国大陆、中南半岛与东南亚诸岛国的重要通道，成为中国距东南亚各国及南亚海湾区最近的交通口岸。

“海澄文”三市县是海南岛对外联系（尤其是通往珠江三角洲地区）的重要门户。目前，海南岛建成投入运营的机场有海口美兰国际机场、琼海博鳌机场和三亚凤凰国际机场，此外，整个海南岛大部分的人流、物流主要通过海口港、澄迈马村港及文昌木兰港与岛外联系。

8.2 交通设施

8.2.1 外部交通

近年来，随着环岛高速公路、环岛高铁、中线高速和琼文高速的相继建成，以及海口美兰国际机场二期、新海港客货滚装码头一期、海口马村港区二期竣工并交付使用，海口已成为海南省陆海空综合交通枢纽，“海澄文”地区外部交通优势日益凸显。

8.2.2 内部交通

目前，海口已经基本形成了“四横八纵”的主干路体系。“四横”包括滨海大道、海秀路、南海大道、椰海大道，平均间距为2.5～3km；“八纵”包括粤海大道、长滨路、秀英大道、丘海大道、龙昆路、海府路、滨江路、琼山大道，平均间距为3～5km。

目前，海口与老城镇之间有3条道路相连，分别为滨海大道、G225和南海大道。2016年，盈滨海湾大桥开通，盈滨海湾大桥是盈滨旅游度假区南北方向的主要跨海通道。2019年，海文大桥（铺前大桥）建成开通，成为海口至文昌铺前、木兰片区的直接联系通道。

目前，几大交通枢纽与城市、区域之间主要依靠公路及少数城市干路相连，集疏运方式单一，通道条件有限。美兰国际机场与海口的联系只能通过西进场路、海榆大道和环岛高铁，与澄迈、文昌等片区则需要依托区域公路系统；海口火车站的道路集散交通主要通过滨海大道、海秀快速公路与海口中心城区相连；秀英港处于城市中心城区，其货运交通对城市交通干扰较大，极大地制约了港区周边片区的交通发展。

8.3 资源环境

8.3.1 “海澄文”资源概况

“海澄文”作为滨海市县，具有得天独厚的海洋资源优势。三市县海岸线总长度约为500km，海域面积为7 276km^2，超过陆地面积；沿海滩涂面积约为180km^2，

−10m 等深线以内浅海面积超过 1 000km^2，近海海域拥有丰富的海洋水产资源。沿海港湾众多（仅文昌沿海就有大小港湾 40 多处），不仅建港条件良好，而且滨海旅游资源优质。

1. 海口资源概况

海口以骑楼老城为代表的特色文化资源、以东寨口红树林为代表的自然资源及以观澜湖为代表的综合性休闲旅游度假区等资源评价等级相对较高。

根据《海口市总体规划（空间类 2015—2030）》，2020 年海口城镇建设用地规模为 240.1km^2，乡村建设用地规模为 102.54km^2。至 2030 年，海口生态红线面积为 417.21km^2，约占海口陆域国土面积的 18.23%；林地控制线范围内的林地面积为 913km^2；基本农田控制线面积为 558.93km^2；园区控制线面积为 68.81km^2。

2. 澄迈资源概况

澄迈品级最高的人文旅游资源当属国家级保护文物的美榔双塔，最具文化底蕴且亟待发掘的是老城古建筑、罗驿村古驿道及其祠堂文化、大美村石屋民居文化等，最优的自然资源是盈滨半岛沙滩景观、九乐宫温泉、加笼坪林区及内涵丰富的济公山奇石文化。

3. 文昌资源概况

文昌具有旅游开发价值的资源单体共 91 个，截至 2011 年，已得到旅游开发并挂牌的资源单体共 19 个，其中铜鼓岭、宋氏祖居、高隆湾、文昌孔庙、东郊椰林、椰子大观园、白鹭湖·名人山省级森林公园、八门湾绿道红树林、张云逸纪念馆、文昌鸡、云龙湾度假村、海南百莱玛度假村、维嘉国际大酒店等具有较高的开发价值，文昌公园、美柳村、郭母亭、斗柄塔、冯平故居、椰雕工艺品等资源单体具有中等的开发价值。

根据《文昌市总体规划（空间类 2015—2030）》，文昌一级生态功能区面积总计 501.10km^2，约占全市陆地面积的 20.37%。二级生态空间面积为 1 577.94km^2，约占全市陆地面积的 64.17%。开发空间面积为 380.13km^2，约占全市陆地面积的 15.46%。

8.3.2　“海澄文”环境概况

“海澄文”三市县地处热带北缘沿海地带，属热带海洋性季风气候，冬季不冷，夏季高温多雨。生态环境总体保持全国、全省领先地位。各类自然保护区和生态功能区得到了有效的保护，并相继建成了生态文明示范区和生态文明村。

1. 海口资源概况

海口年平均气温为24.2℃，1月平均气温为17.7℃，年平均降水量为1 664mm。2015年环境空气质量指数（air quality index，AQI）一级优天数为272d，二级良天数为77d，超二级天数为6d，环境空气质量优良率（AQI≤100的天数）为98.3%；水环境质量状况总体良好，城市集中式生活饮用水水源地、国控断面、近岸海域水质达标率均为100%，17条河流水质达标率为64.7%，典型乡镇和农村集中式饮用水源地水质总体保持稳定，但市区内部分水体仍存在黑臭情况，近岸海域水质优良；森林覆盖率达44.67%。

2. 澄迈环境概况

澄迈年平均气温为23.8℃，年平均日照时数为2 059h，年平均降雨量为1 786.1mm，且热雨同季，终年基本无霜。2015年，城市环境空气质量优良天数比例为94.5%；饮用水水源地水质达标率达100%。森林覆盖率达到55%。

3. 文昌资源概况

文昌光、水、湿、热条件优越，全年无霜冻，四季分明。年平均气温为23.9℃，多年平均气温在23.4～24.4℃，年最低气温在0.3～6.6℃，出现在1月。年平均日照1953.8h。夏日日照最长是13.19h，冬日日照仅10.57h。2015年，城市环境空气质量优良天数比例为98.8%；全市河流水质轻度污染；88.9%的监测海域水质符合水环境管理目标要求；城市昼间区域环境噪声质量一般，道路交通噪声质量好。

8.4 产业发展

自1988年海南省建省和办经济特区以来，“海澄文”三市县在各自比较优势的基础上，形成了鲜明的产业特色。

8.4.1 海口产业发展

海口作为海南省省会城市，政治地位突出，文化底蕴深厚，经济基础较好，科技、教育等资源集聚程度较高，与国内外联系较密切。海口集中了全省80%以上的教育、医疗、科研、人才等优质资源，拥有海口国家高新区、综合保税区等省级重点产业园区。其中，旅游、房地产、文体教育等生活性服务业较发达，而金融、会展、保险、信息服务、中介服务等生产性服务业尚未形成规模，发展相对滞后。

8.4.2 澄迈产业发展

澄迈工业基础较好，高新技术产业规模居海南省第二位，目前以信息技术、新材料为特色，已形成海南生态软件园和海南老城国家非织造材料高新技术产业化基地两大平台，形成了以华电、汉能等为代表的新能源产业；以海南中航特玻材料有限公司、欣龙控股（集团）股份有限公司、海南展创光电技术有限公司等为代表的新材料产业；以惠普公司、东软集团股份有限公司、久其软件股份有限公司、巴别时代科技有限公司为代表的信息技术及软件业；以椰树、康师傅等为代表的名优饮料产业体系。热带特色农业在海南省独树一帜，特色产品集中，经营集约，并形成了一批有一定知名度的农产品品牌，其中已获得地理标志认证及省内知名品牌的有福山咖啡、澄迈福橙、桥头地瓜、无核荔枝、无籽蜜柚、白莲鹅等。

8.4.3 文昌产业发展

文昌立足其海洋资源、生态环境、著名侨乡等自然与人文资源优势，形成了以滨海休闲旅游度假、热带高效现代农业为特色的产业，其中椰子、文昌鸡、罗非鱼等具有较高的知名度。

8.5 “海澄文”省会经济圈存在的问题

1）经济总量较小，集聚能力弱，处于内向集聚发展阶段。2014 年，“海澄文”三市县地区生产总值合计为 1 478.3 亿元，仅相当于长江三角洲地区和珠江三角洲地区一个较发达的县级市的经济规模（2014 年江苏省有 7 个县级市 GDP 超 1 400 亿元）。其中海口 2014 年地区生产总值仅 1 091.7 亿元，在全国 36 个省会城市和计划单列市中居倒数第 3 位。经济总量较小，意味着对“海澄文”周边地区的资金、技术、人才等要素的集聚能力较弱，反而对其他城市的辐射和影响力较大。在“海澄文”内部，存在“一城独大”、中心性突出、影响资源配置的中心城市，澄迈、文昌等其他城市成为海口集聚阴影地区。这种“单核弱中心”的经济发展现状，将严重影响其形成海南北部经济增长极，也将削弱其在“21 世纪海上丝绸之路”战略中的地位与作用，在中国与东盟的战略合作及未来的中国-东盟自由贸易区建设中处于极为不利的地位，甚至有可能被边缘化。

2）城镇化发展不均衡，且部分地区城镇化水平较低，文昌和澄迈属于“滞后城市化”。海口在 2015 年的城镇化水平已经进入最终阶段，而澄迈和文昌进入加速阶段。澄文内部空间城镇化发展不均衡，且部分地区城镇化水平较低。2011～2014 年，海口土地城镇化与人口城镇化协调性较差，协调性指数低于 0.8。海口城镇化水平与经济发展达到一种均衡状态，而澄迈和文昌属于“滞后城市化”，其原因在于不重视第三产业发展，并控制城乡人口流动，使城市服务业部门严重发育不足，从而导致城市人口的增长慢于经济发展的步调。

3）以旅游业为龙头的现代服务业尚未形成区域主导产业，且内部结构失衡。“海澄文”三市县经济受到岛屿型经济的影响，“两头在外”，处于产业价值链的低端，是导致经济总量规模小的主要原因。以旅游业为龙头的现代服务业尚未成为文昌、澄迈的主导产业，旅游业发展较为缓慢，旅游产品目前仍以观光旅游及候鸟式的迁居旅游为主，而康体养生、户外运动、滨海旅游、海洋旅游、会展旅游、文体赛事及邮轮游艇等高端休闲旅游发展不足，因而产业带动作用弱，且难以发挥其乘数效应。而对于房地产来说，大量来自岛外的投资型和季节性度假型购房虽带动了房地产业的发展，但极易受岛外经济大环境形势左右而具有不确定性。2014 年，海口、澄迈、文昌三市县房地产开发投资占固定资产投资比重分别为全国平均水平的 2.0 倍、2.5 倍和 3.1 倍，房屋销售额占 GDP 的比重分别为全国平均水平的 4.4 倍、4.0 倍和 4.1 倍。

在服务产业内部，存在部门（或行业）结构不合理的状况。海口的生活性服务业在整个服务业中起到决定性的作用，生产性服务业是海口产业发展的薄弱环节。例如，2015 年海口服务业虽占全市 GDP 的 73.9%，但包括金融、保险、物流、信息与商务服务等在内的生产性服务业增加值占比仅为 30%，生产性服务业与生活性服务业的就业人数为 3∶7，与国内其他主要省会城市和计划单列市占比均在 60%以上形成鲜明对比。

4）土地开发趋向沿海集中，腹地开发相对不足，园区建设用地利用方式粗放。“海澄文”地区的地形地貌特点及生态环境约束决定了其必须走紧凑式集约发展道路。例如，海口城市建成区人口与产业过于集中于滨海地区，造成交通拥挤，而包括美兰国际机场在内的江东组团及城市外环以南地区开发利用不足。又如，在产业布局方面，“海澄文”三市县现有各种产业园区 47 个，其中国家级产业园区 1 个，省级重点产业园区 9 个，县（市、区）级产业园区 37 个。但过去 20 多年中，忽视园区建设用地的集约利用，导致产业园区数量太多，占地面积过大，开发利用程度低，经济效益不高。其中，省级以上产业园区规划用地规模约 285km^2，实际开发利用尚不足三成，与国内高水平的产业园区在发展规模、管理水平、空间布局、产业集聚、用地效率等方面存在较大差距。

5）整体区域发展差距悬殊，公共服务水平落差大。“海澄文”整体区域发展差距较大，尤其是海文、海澄。“海澄文”经济发展差距与“海澄文”整体区域发展差距相似，“海澄文”社会发展差距比“海澄文”的经济发展差距更大，“海澄文”人居环境质量差距较小，这不利于“海澄文”城市集群发展，甚至会削弱“海澄文”区域分工与合作的效率。例如，文昌 2014 年人均 GDP 分别仅为海口的 58%和澄迈的 61%，人均财政收入分别只有海口、澄迈的 1/2 左右，人均固定资产投资仅有海口的 52%和澄迈的 39%。从公共医疗看，2014 年海口拥有 8 家三级甲等医院，而文昌、澄迈两地没有三级甲等医院。2020 年，文昌市人民医院才升级为三级甲等医院。从教育资源看，海口汇集了全省最好的教育资源，高等教育资源占全省的近 70%。

第 9 章 “海澄文”经济发展与城镇化

判断经济发展所处的阶段，是研究一个地区的重要内容，是制定科学合理的经济发展战略的重要前提之一。研究表明，我国城镇化更多的是经济发展的一种结果和现象，城镇化本身作为经济发展的直接动力源的特征并不明显。但通过城镇化确实可以使经济增长的相关要素得到很好的集聚，从而对经济发展产生良好的传导效果。

“海澄文”城市空间发展，就是要通过城镇化发展对物质资本、人力资本，以及知识资本等高端生产要素的集聚，推动区域经济发展。通过分析“海澄文”经济发展阶段与城镇化发展阶段，探讨“海澄文”城镇化与经济发展的关系，以期发现“海澄文”城市发展过程中的问题。

9.1 经济发展阶段分析

本节将罗斯托经济发展阶段划分理论和切纳里的经济发展阶段划分理论相结合，划分“海澄文”经济发展阶段（表 9.1）。

表 9.1 经济增长阶段的划分（按人均生产总值标准） 单位：美元

经济发展阶段	罗斯托	切纳里（1982 年）	切纳里（2004 年）	切纳里（2009 年）
第一阶段	传统社会阶段	728 以下	1 179 以下	1 379 以下
第二阶段	为起飞创造条件阶段	728～1 456	1 179～2 358	1 379～2 759
第三阶段	起飞阶段	1 456～2 912	2 358～4 717	2 759～5 519
第四阶段	走向成熟阶段	2 912～5 460	4 717～8 845	5 519～10 349
第五阶段	大众高额消费阶段	5 460～8 376	8 845～13 569	10 349～15 876
第六阶段	追求生活质量阶段	8 376 以上	13 569 以上	15 876 以上

9.1.1 海口经济发展阶段

纵观海南建省以来海口人均生产总值的增长轨迹（图 9.1），海口的经济发展可划分为以下几个阶段。第一阶段：1989～1992 年，为起飞创造条件阶段。1989～1992 年，海口人均生产总值在 728～1 465 美元。第二阶段：1993～2009 年，起飞阶段。1993～2003 年，海口人均生产总值在 1 456～2 912 美元；2004～2009 年，海口人均生产总值在 2 358～4 717 美元。第三阶段：2010 年至今，走向成熟阶段。海口人均生产总值低于 10 349 美元。海口在 1989 年已经进入为起飞创造条件阶段；起飞阶段历时 17 年；在“十二五”计划开局之年，即 2010 年进入成熟阶段。

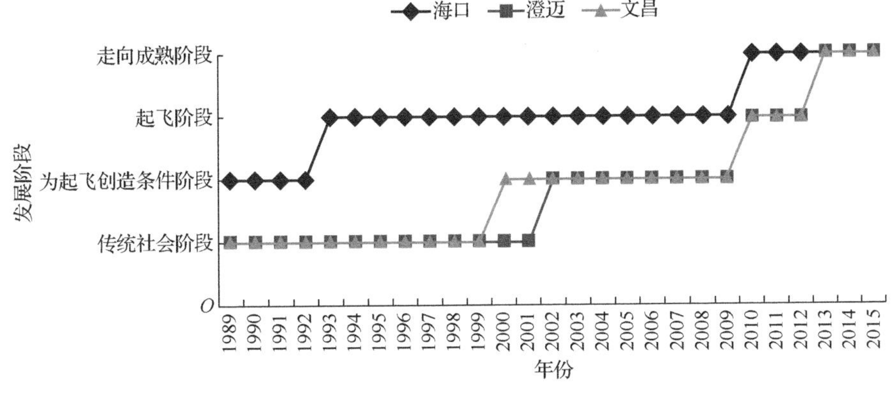

图 9.1　“海澄文”经济发展阶段

9.1.2　澄迈经济发展阶段

根据澄迈人均生产总值的增长轨迹（图 9.1），可将其经济发展阶段划分为以下几个阶段。第一阶段：1989～2001 年，传统社会阶段。1989～2001 年，澄迈人均生产总值在 728 美元以下。第二阶段：2002～2009 年，为起飞创造条件阶段。2002～2004 年，澄迈人均生产总值在 728～1 465 美元；2005～2009 年，澄迈人均生产总值在 1 179～2 358 美元。第三阶段：2010～2012 年，起飞阶段。澄迈人均生产总值在 2 358～4 717 美元。第四阶段：2013 年至今，走向成熟阶段。澄迈人均生产总值低于 10 349 美元。澄迈在 2001 年之前属于传统社会阶段；2002 年开始，用了 8 年时间进入为起飞创造条件阶段；2010～2012 年进入起飞阶段，历时 3 年；2013 年进入成熟阶段。

9.1.3　文昌经济发展阶段

根据文昌人均生产总值的增长轨迹（图 9.1），可将其经济发展阶段划分为以下几个阶段。第一阶段：1989～1999 年，传统社会阶段。1989～2001 年，文昌人均生产总值在 728 美元以下。第二阶段：2000～2009 年，为起飞创造条件阶段。2002～2004 年，文昌人均生产总值在 728～1 465 美元；2005～2009 年，文昌人均生产总值在 1 179～2 358 美元。第三阶段：2010～2012 年，起飞阶段。文昌人均生产总值在 2 358～4 717 美元。第四阶段：2013 年至今，走向成熟阶段。文昌人均生产总值低于 10 349 美元。文昌在 1999 年之前属于传统社会阶段，自 2000 年开始，用了 10 年时间进入为起飞创造条件阶段；2010～2012 年进入起飞阶段，历时 3 年；2013 年进入成熟阶段。

从海口、澄迈、文昌三市县的经济发展阶段来看，1989～2012 年，海口的经济发展阶段与澄迈和文昌不同步，海口经济发展阶段要早于澄迈和文昌一个发展阶段，至 2012 年之后三市县均进入成熟阶段。澄迈和文昌在起飞阶段历时 3 年，迅速进入成熟阶段，而海口在起飞阶段历时 17 年。

目前，海口、澄迈和文昌同处在一个社会经济发展阶段，即成熟阶段，这为“海澄文”区域联动和区域合作发展奠定了坚实的基础。

9.2 城镇化发展阶段

1979 年，诺瑟姆（Northam）总结了城镇化发展的 3 个阶段：城镇化水平较低且发展缓慢的初始阶段、城镇化水平急剧上升的加速阶段、城镇化水平较高且发展平缓的最终阶段。城镇化水平在第二阶段开始时低于 25%，发展到超过 60%、70%后进入第三阶段。

对 2010～2015 年“海澄文”三市县常住人口城镇化率进行统计（表 9.2 和图 9.2），结果表明：根据 Northam 总结的城镇化“三阶段论”，海口城镇化水平在 2015 年已经进入最终阶段，而澄迈和文昌进入加速阶段，城镇化发展水平急剧上升。而海口和澄迈 2015 年的户籍人口城镇化率分别为 46%、33.91%，处于城镇化发展的第二阶段，即加速阶段；文昌 2015 年的户籍人口城镇化率为 20.21%，处于城镇化发展的第一阶段，即初始阶段。

表 9.2　2010～2015 年“海澄文”三市县常住人口城镇化率　　单位：%

年份	海口	澄迈	文昌
2010	0.741 6	0.405 4	0.468 6
2011	0.747 7	0.416 8	0.472 9
2012	0.754 8	0.416 5	0.484 9
2013	0.761 0	0.440 9	0.488 9
2014	0.766 1	0.441 1	0.494 5
2015	0.772 3	0.530 0	0.500 0

“海澄文”户籍人口城镇化率低于常住人口城镇化率，主要原因是随着改革开放的不断深入，劳动力转移的步伐加快，而收入成为影响农民工流动的主要因素。

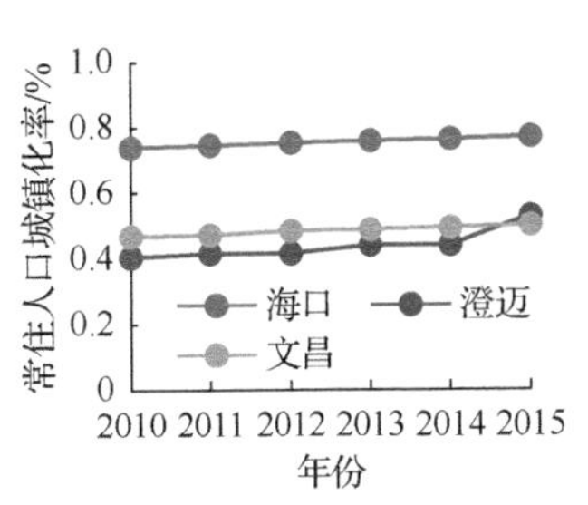

图 9.2 “海澄文”三市县常住人口城镇化率

农民工进入城市工作，但是其身份没有改变，当在城市找不到工作时，还会回到农村。同时，就地城镇化发展水平低，农业转移人口市民化进程缓慢。

通过对比“海澄文”常住人口城镇化率和户籍人口城镇化率发现，“海澄文”三市县处于城镇化发展的不同阶段，说明“海澄文”区域内部城镇化空间发展不均衡，且部分地区城镇化水平较低。

9.3 土地城镇化与人口城镇化协调性测定

改革开放以来，中国的城镇化取得了巨大成就，但这种“速成”的模式也产生了城镇化不够彻底的问题，其中一个突出的表现是土地城镇化与人口城镇化的发展失衡，土地城镇化明显快于人口城镇化，并导致城市的土地利用率低下、经济发展模式粗放、城市交通成本高昂等一系列问题。因此，本节通过构建土地城镇化与人口城镇化协调性指数，定量测度这两者的关系。协调是指若干个变量按比例、均衡发展，协调度就是度量系统之间或系统内部要素之间协调状况的定量指标。基于这种思想，土地城镇化与人口城镇化的协调性指数可以定义为（范进和赵定涛，2012）

$$C_{LT}=\frac{\left|L+T/\sqrt{2}\right|}{\sqrt{L^2+T^2}} \tag{9.1}$$

式中，L 为城镇人口的增长率；T 为城镇建成区的增长率；C_{LT} 为土地城镇化与人口城镇化协调性指数。

由上述公式不难发现，$0\leqslant C_{LT}\leqslant 1$。当 L、T 同为正值或同为负值，且绝对值相等时，$C_{LT}=1$，表示此时土地城镇化与人口城镇化最为协调；当 L、T 符号相反，且绝对值相等时，$C_{LT}=0$，表示两者最不协调；其他情况介于两者之间，当土地城镇化与人口城镇化速度越匹配时，协调性指数越高。除 20 世纪 60 年代初，中国尚未出现 $L<0$ 的情形，所以本节只讨论 $L>0$、$T>0$ 时的协调性指数，如表 9.3 所示（范进和赵定涛，2012）。

表 9.3　土地城镇化与人口城镇化协调性指数分类

C_{LT}	协调性类型	L 与 T 关系	协调性亚型
$0.9 < C_{LT} < 1$	协调	$L>T$	土地城镇化滞后型
		$L<T$	人口城镇化滞后型
$0.8 < C_{LT} \leqslant 0.9$	基本协调	$L>T$	土地城镇化滞后型
		$L<T$	人口城镇化滞后型
$0 \leqslant C_{LT} \leqslant 0.8$	不协调	$L>T$	土地城镇化滞后型
		$L<T$	人口城镇化滞后型

表 9.4 为 2010～2014 年海口土地城镇化与人口城镇化协调性指数，从中可以看出，2010 年，海口土地城镇化与人口城镇化协调性较好，人口城镇化稍微快于土地城镇化。2011～2014 年，海口土地城镇化与人口城镇化协调性较差，协调性指数低于 0.8。其中 2011 年、2013 年海口土地城镇化滞后于人口城镇化，因为海口建成区面积没有增加，而城镇常住人口不断增加。而 2012 年和 2014 年，海口人口城镇化滞后于土地城镇化，主要是因为海口建成区面积增长率高于城镇常住人口的增长率，其根本原因是经济的发展带来城市建设用地的大规模扩张，但对人口城镇化所发挥的吸纳效应相对有限，地方政府对土地财政的依赖加剧了人口城镇化与土地城镇化的失衡。

表 9.4　2010～2014 年海口土地城镇化与人口城镇化协调性指数

年份	C_{LT}	MAX(L, T)
2010	0.91	L
2011	0.71	L
2012	0.78	T
2013	0.71	L
2014	0.77	T

9.4　城镇化与经济发展阶段的关系

目前，城镇化主要通过物质资本、人力资本的集聚推动经济发展，对知识资本、现代服务业等高端生产要素的集聚作用还不强。这主要是因为目前中国的城镇化主要仍是以大量的农业人口向城市人口转变为主，相应带来巨大的生产和生活需求，以及城市基础设施和公共设施的使用需求，进而带动了生产制造和投资的需求，同时这种城镇化仍以受教育程度低的农村劳动力的非农化为特征，对中国人力资本和知识资本积累的推动作用不太显著。

笔者依据以前的研究课题，分析了 2010～2014 年“海澄文”地区城镇化与经济发展阶段的关系，2010～2014 年“海澄文”常住人口城镇化率与 ln（人均生产总值）关系（表 9.5 和图 9.3），从中可以看出，在拟合线的右上方属于高收入、高城市化，城镇化水平与经济发展达到一种均衡状态，海口在 2012～2014 年达到这种状态。在拟合线的右下方属于“过度城市化”或“超前城市化”，海口在 2011 年之前属于这种状态。在拟合线的左边，在相同的经济发展水平下，城市化水平普遍低，意味着“滞后城市化”，澄迈和文昌在 2013～2014 年属于这个区域。在拟合线的左下角，属于低人均收入、低城市化水平，澄迈和文昌在 2010～2012 年属于这个区域。

表 9.5 2010～2014 年“海澄文”常住人口城镇化率与 ln（人均生产总值）之间的关系

年份	海口		澄迈		文昌	
	常住人口城镇化率	ln（人均生产总值）	常住人口城镇化率	ln（人均生产总值）	常住人口城镇化率	ln（人均生产总值）
2010	0.741 6	4.588 059	0.405 4	4.346 02	0.468 6	4.310 608
2011	0.747 7	4.548 242	0.416 8	4.455 089	0.472 9	4.404 748
2012	0.754 8	4.703 558	0.416 5	4.479 734	0.484 9	4.426 446
2013	0.761 0	4.625 796	0.440 9	4.629 634	0.488 9	4.510 813
2014	0.766 1	4.665 703	0.441 1	4.675 971	0.494 5	4.545 258

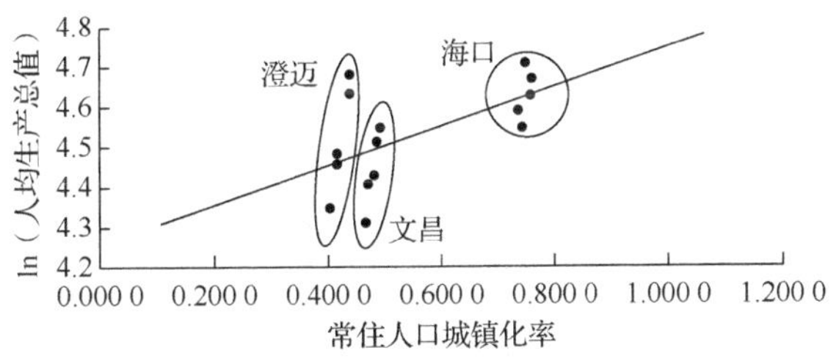

图 9.3 2010～2014 年“海澄文”常住人口城镇化率与 ln（人均生产总值）之间的关系

通过上述分析，得出如下结论和建议：

“海澄文”经济发展已进入成熟阶段，这为“海澄文”区域联动和区域合作发展奠定了坚实的基础。“海澄文”三市县处于城镇化发展不同阶段，海口城镇化水平在 2015 年已经进入最终阶段，而澄迈和文昌进入加速阶段。说明“海澄文”内部空间城镇化发展不均衡，且部分地区城镇化水平较低。户籍管制是人口城镇化发展缓慢的主要原因，而政策的放松和制度的改革能促进城镇化的协调发展。

2011～2014 年，海口土地城镇化与人口城镇化协调性较差，协调性指数低于 0.8。其直接原因是二元土地制度和二元户籍制度，但深层原因是以投资驱动为导向的经济发展战略。从短期看，要解决土地城镇化与人口城镇化不协调的问题，需要从二元土地制度入手，推动农村集体土地物权流转渐进式改革，实现土地价格并轨；从中长期看，除了推动土地市场改革，还需要增加人力资本积累。

海口城镇化水平与经济发展达到一种均衡状态，而澄迈和文昌属于“滞后城市化”。其原因在于澄迈和文昌第三产业发展滞后，城乡人口流动性差，从而导致城市人口的增长慢于经济发展的步调。其解决之道：一是推进户籍制度改革。在全省范围内取消农业户口、非农业户口性质划分，统一登记为居民户口，实现户籍“一元化”登记管理。二是在城镇化推进过程中，澄迈和文昌主要通过物质资本、人力资本的集聚推动经济发展，海口要加强对知识资本、现代服务业等高端生产要素的集聚作用。三是就地城镇化。通过发展休闲农业和乡村旅游，改变农村产业结构，通过“不砍树、不占地、不拆房”，实现就地城镇化，为当地农民提供就业机会，改变农民的就业结构。四是建设旅游风情小镇。通过发展旅游业，引导、促进城镇化发展。

第 10 章 “海澄文”区域发展差距

“海澄文”省会经济圈集聚阴影显著的特征之一，表现在“海澄文”区域内部发展不平衡。海口作为海南省的省会城市，相对澄迈和文昌，在资源分配、经济发展和社会发展等方面有较大优势。如果“海澄文”存在适当的区域经济差异，则有利于区域要素流动、资源有效配置和产业空间转移，使“海澄文”地区间通过竞争与合作分工加快地区经济发展；如果存在过大的区域经济差异则会带来不利影响，不仅会削弱区域分工与合作的效率，而且可能导致经济发展受挫乃至社会不稳定。因此，对“海澄文”区域差距测度有助于“海澄文”一体化的生成。

10.1 测 度 指 标

根据研究区尺度及区域单元，选择宏观指标体系。该体系主要应用于对县级及以上单元发展差距的测度、评估和对比，指标选择以政府部门常规统计数据的可获得性为主要依据，既要涵盖国际通用指标，又要兼顾差距成因分析对指标的需求。指标数据主要来源于 2011～2014 年海口、澄迈、文昌的统计年鉴、政府工作报告等，区域发展差距宏观测度指标体系如图 10.1 所示，由 3 个综合指标、13 个要素指标构成（徐勇和樊杰，2014）。采用基于熵权 TOPSIS 的区域发展差距评价模型，测算“海澄文”的经济发展水平、社会发展水平和人居环境质量的发展差距。

10.2 区域发展测度

10.2.1 指标权重确定

本节采用信息熵法确定“海澄文”区域发展差距测度指标权重（表 10.1），该方法可有效地消除主观因素的影响。

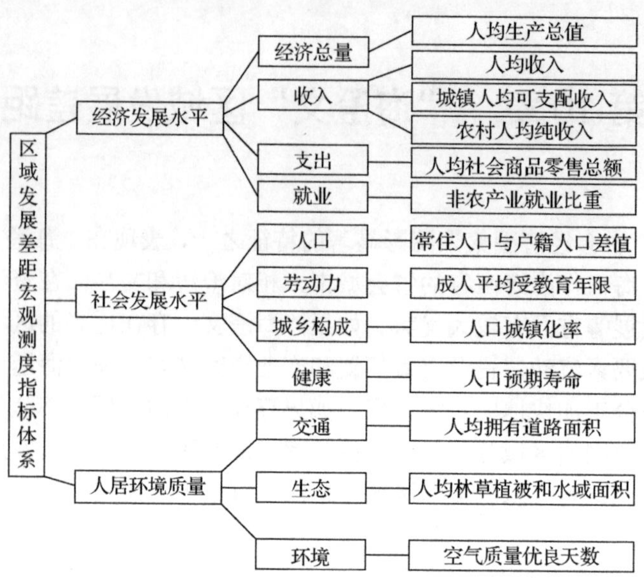

图 10.1　区域发展差距宏观测度指标体系

表 10.1　"海澄文"区域发展差距评价指标权重

指标	人均生产总值	人均收入	城镇人均可支配收入	农村人均纯收入	人均社会商品零售总额	非农产业就业比重	常住人口与户籍人口差值
权重	0.067 7	0.049 5	0.046 8	0.068 1	0.096 7	0.090 0	0.155 2
指标	成人平均受教育年限	人口城镇化率	人口预期寿命	人均拥有道路面积	人均林草植被和水域面积	空气质量优良天数	
权重	0.079 7	0.094 6	0.099 3	0.036 7	0.060 0	0.055 8	

1. 各子系统权重

经济发展水平子系统的权重为 0.418 8，社会发展水平子系统的权重为 0.428 7，人居环境质量子系统的权重为 0.152 5。经济发展水平和社会发展水平两个子系统的权重相当，总权重值超过 80%，说明在区域发展的驱动因子中，社会发展水平和经济发展水平起主导作用。

2. 指标权重

权重接近或超过 0.1 的指标包括支出指标（0.096 7）、收入指标（0.164 4）、人口指标（0.155 2）、城乡构成指标（0.094 6）、健康指标（0.099 3）、就业指标（0.090 0）。其中，收入指标和人口指标权重均超过 0.1，这说明人口流动大和居民收入高的地区发展水平高。

权重在 0.05～0.09 的指标包括，经济总量指标（0.067 7）、劳动力指标（0.079 7）、生态指标（0.060 0）、环境指标（0.055 8）。这说明在“海澄文”区域发展水平指标中，经济总量指标的权重下降，生态指标和环境指标的权重上升。

权重低于 0.05 的是交通指标（0.036 7），这表明在“海澄文”三市县，人均拥有道路面积差别不大。

10.2.2 区域发展差距测度

1. “海澄文”发展水平测度

2011～2014 年“海澄文”三市县区域发展水平测度的贴近度如表 10.2 所示。2011～2014 年海口、澄迈、文昌的区域发展水平、经济发展水平、社会发展水平、人居环境质量的折线图如图 10.2～图 10.4 所示。

表 10.2 “海澄文”区域发展水平的贴近度

年份	区域发展水平的贴近度		
	海口	澄迈	文昌
2011	0.617 1	0.120 8	0.278 4
2012	0.672 7	0.107 8	0.282 4
2013	0.718 9	0.191 8	0.324 2
2014	0.778 1	0.280 9	0.375 6

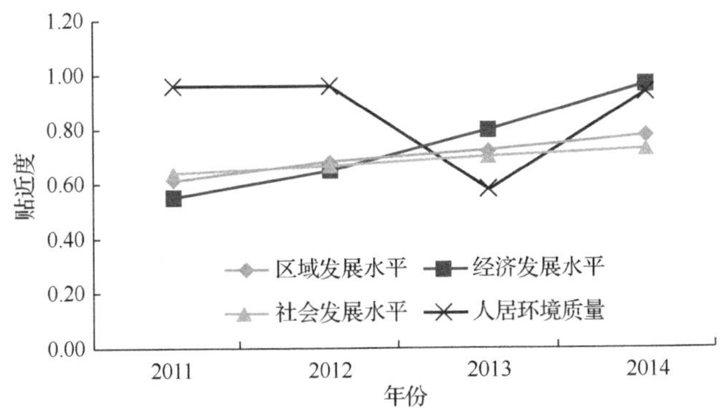

图 10.2 2011～2014 年海口的发展水平贴近度

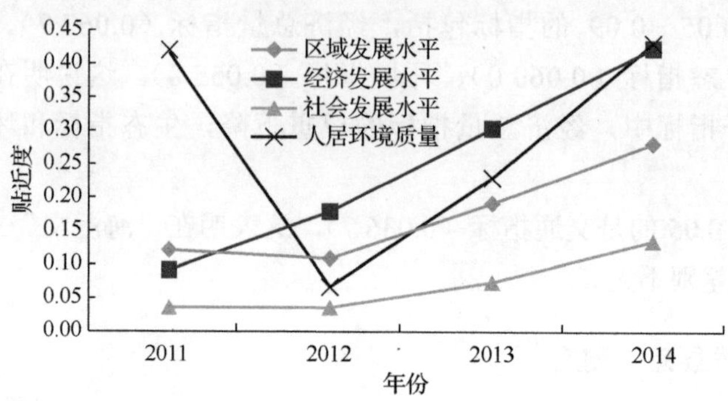

图 10.3　2011～2014 年澄迈的发展水平贴近度

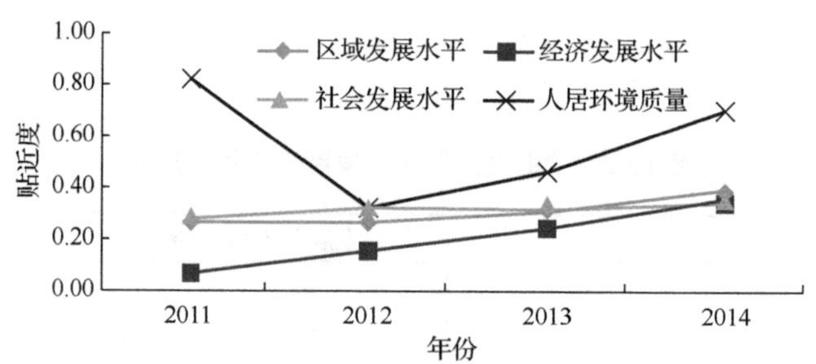

图 10.4　2011～2014 年文昌的发展水平贴近度

2011～2014 年海口区域发展水平起点较高，呈逐年上升趋势，贴近度从 0.617 1 上升到 0.778 1。经济发展水平与社会发展水平在 2011 年相当，其贴近度在 0.50 左右，但是到 2014 年，由于经济发展速度较快，经济发展水平贴近度达到 0.85 左右，而社会发展水平贴近度在 0.75 左右。人居环境质量高，其贴近度保持在 0.9 左右，但是 2013 年有较大回落，贴近度只有 0.50 左右。

2011～2014 年澄迈区域发展水平起点低，但是呈总体上升趋势，贴近度从 0.120 8 上升到 0.280 9。经济发展速度较快，贴近度从 0.10 左右上升到 0.40 左右，社会发展水平贴近度较低，2014 年才 0.10 左右。2011 年、2014 年人居环境质量贴近度均为 0.4 左右，2012 年有较大回落。

2011～2014 年文昌区域发展较为平缓，贴近度维持在 0.3 左右。社会发展水平贴近度在 0.3 左右，经济发展水平贴近度从 2011 年的 0.1 左右发展到 2014 年的 0.3 左右，经济发展速度快于社会发展。人居环境质量较高，其贴近度在 2011 年达到 0.8，但是 2012 年有较大回落。2014 年的人居环境质量不如 2011 年，可能存在为了发展经济牺牲人居环境的现象。

2. “海澄文”发展差距测度

通过对 2011～2014 年“海澄文”三市县区域发展水平贴近度进行比较，测度了“海澄文”区域内部发展差距。

2011～2014 年“海澄文”区域发展差距（图 10.5）表明，澄迈和海口的发展差距较大，区域发展之比为 20%～30%；文昌和海口的区域发展之比维持在 45%左右；澄迈和文昌的区域发展之比为 45%～70%，海口和澄迈的差距比海口和文昌、文昌和澄迈的大。海口和澄迈、海口和文昌、文昌和澄迈的差距均在逐年减小。总体而言，“海澄文”区域发展差距较大，尤其是海口和文昌、海口和澄迈，但是其差距在不断缩小。

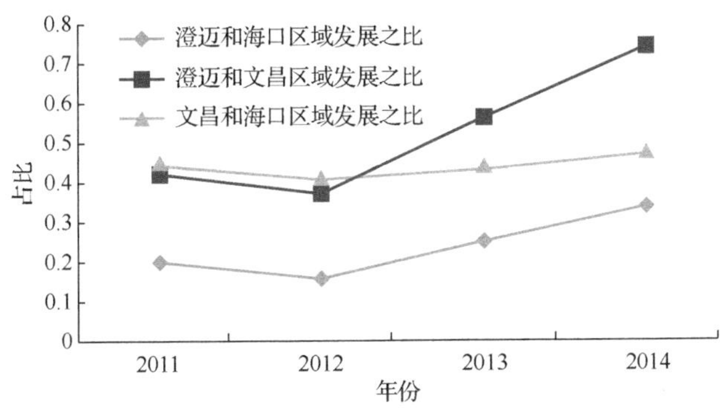

图 10.5 2011～2014 年“海澄文”区域发展差距

2011～2014 年“海澄文”经济发展差距（图 10.6）表明，澄迈和海口、文昌和海口的经济发展差距较大，经济发展之比为 20%～35%；澄迈和文昌的经济发展之比从 2011 年逐年下降，从 145%下降到 110%。海口和澄迈之间、海口和文昌之间的差距比文昌和澄迈大。但海口和澄迈之间、海口和文昌之间、文昌和澄迈之间的差距在逐年减小。总体而言，“海澄文”经济发展差距与“海澄文”区域发展差距相似，其差距均在不断缩小。

2011～2014 年“海澄文”社会发展差距（图 10.7）表明，海口和澄迈、海口和文昌、文昌和澄迈的社会发展差距较大；澄迈和海口的社会发展差距极大，两者之比为 5%～15%；澄迈和文昌的社会发展之比从 2011 年的 15%上升到 38%；文昌和海口社会发展之比维持在 48%左右。海口和澄迈之间、文昌和澄迈之间的差距比海口和文昌的大。2011～2014 年，海口和澄迈、海口和文昌、文昌和澄迈的差距在逐年减小。总体而言，“海澄文”社会发展差距比“海澄文”的经济发展差距更大，同时也在不断缩小差距。

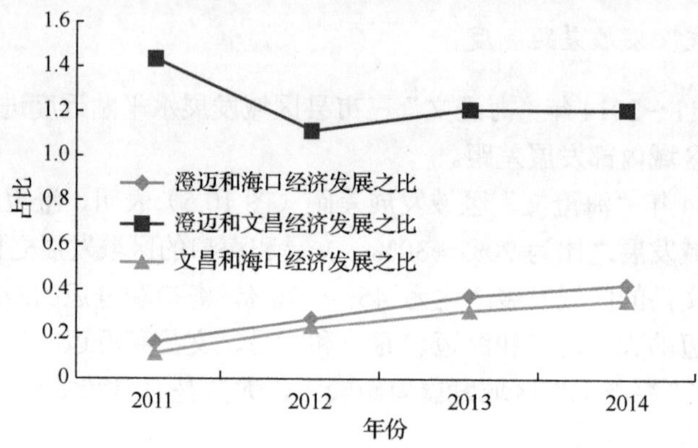

图 10.6　2011～2014 年“海澄文”经济发展差距

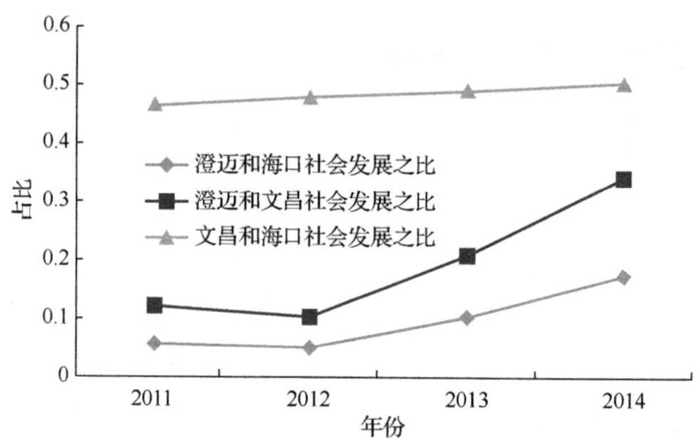

图 10.7　2011～2014 年“海澄文”社会发展差距

2011～2014 年“海澄文”人居环境质量差距（图 10.8）表明，海口和文昌人居环境质量差距较小，2011 年文昌和海口人居环境质量之比为 90%，2012 年下降到 35%，2013 年之后维持在 75%左右。海口和澄迈、文昌和澄迈的人居环境质量差距较大，两者的历年变化趋势相同；澄迈和海口之间的人居环境质量之比在 40%左右；澄迈和文昌的人居环境质量之比维持在 50%左右。海口和澄迈之间、文昌和澄迈之间的人居环境质量差距比海口和文昌的大。但海口和澄迈、海口和文昌、文昌和澄迈的人居环境质量差距在逐年减小。总体而言，相对经济发展差距和社会发展差距而言，“海澄文”人居环境质量差距较小，且在不断缩小。

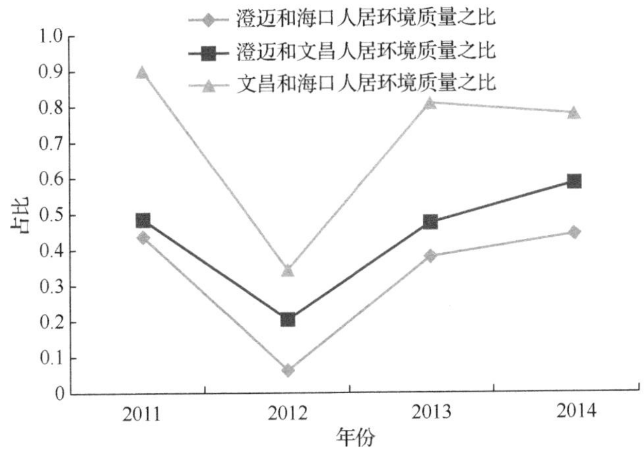

图 10.8　2011～2014 年“海澄文”人居环境质量差距

根据上述分析，可以得出如下结论与建议：

在“海澄文”发展差距指标体系中，经济发展水平和社会发展水平两个子系统的权重相当，总权重值超过 80%，说明在区域发展的驱动因子中，社会发展水平和经济发展水平起主导作用。经济发展水平子系统中的收入指标和社会发展水平子系统的人口指标权重均较大，则说明人口流动大和居民收入高的地区发展水平高。

在“海澄文”发展水平测度中，海口的发展水平最高，其次为文昌，最后是澄迈。“海澄文”三市县发展水平均呈总体上升趋势。2011～2014 年海口区域发展水平起点较高，贴近度从 0.617 1 上升到 0.778 1；2011～2014 年澄迈区域发展水平起点低，贴近度从 0.120 8 上升到 0.280 9；2011～2014 年文昌区域发展较为平缓，贴近度维持在 0.3 左右。

在“海澄文”发展差距测度中，“海澄文”区域发展差距较大，尤其是海口和文昌、海口和澄迈，而“海澄文”经济发展差距与“海澄文”整体区域发展差距相似。“海澄文”社会发展差距比“海澄文”的经济发展差距更大。相对经济发展差距和社会发展差距而言，“海澄文”人居环境质量差距较小。

海口和澄迈、海口和文昌的发展差距较大，尤其在经济发展差距和社会发展差距方面。这不利于“海澄文”城市集群发展，甚至会削弱“海澄文”区域分工与合作的效率，因此提出如下建议：一是“海澄文”应该打破行政区边界壁垒，以市场为手段进行资源配置和商品流通，从基础设施建设、产业布局、市场组织、生态环境保护、思想意识等多方面着手加速区域内部一体化进程。二是发挥澄迈、文昌的后发优势，努力提升人口素质，加快产业结构调整，改善区域交通、通信条件，以生态、区域环境等优势来谋求整体的跨越式发展。三是加大国家财政转移支付力度，坚持把生态保护放在突出位置，提高澄迈、文昌地区人民生活水平和基本公共服务水平。

第 11 章 “海澄文”城市中心性

城市中心性是反映区域中心城市核心功能和影响力的重要测度指标。通过城市中心性的研究可以较为充分地分析出一个区域内的中心城市，确定中心城市的经济发展水平、规模、主导产业及城市作用范围，反映本地区的等级结构、规模及各城市在本地区的地位。中心性与集聚阴影，相当于一枚硬币的两面，中心性越强，周边城市集聚阴影越明显。本章选取海南省省会经济圈的 8 个市县作为研究对象，从交通中心性、产业中心性和吸引力中心性 3 个角度，运用社会网络分析方法，研究海南省省会经济圈的城市中心性问题，从另一个方面反映集聚阴影问题。

11.1 数据获取与处理

11.1.1 数据获取

从交通中心性、产业中心性、吸引力中心性 3 个角度综合分析海南省省会经济圈 8 个市县的城市中心性，其中，计算交通中心性涉及的任意两城市节点之间的交通距离根据百度地图驾车距离获取，计算产业中心性、吸引力中心性涉及的城市三次产业结构及其年末人口由各城市的 2015 年国民经济和社会发展统计公报获取，获得的具体基础数据如表 11.1～表 11.3 所示。

表 11.1 城市间交通距离表 单位：km

城市	海口	澄迈	文昌	定安	屯昌	琼海	临高	儋州
海口	0	63	77	48	103	101	85	137
澄迈		0	142	60	54	123	46	89
文昌			0	80	98	64	165	214
定安				0	64	61	115	166
屯昌					0	56	149	109
琼海						0	168	158
临高							0	68
儋州								0

表 11.2 长途客运班车往返车次加和

城市	海口	澄迈	文昌	定安	屯昌	琼海	临高	儋州
海口	0	132	206	188	317	202	126	217
澄迈		0	11	12	4	7	43	51
文昌			0	10	17	53	5	6
定安				0	12	46	0	2
屯昌					0	50	0	20
琼海						0	0	11
临高							0	112
儋州								0

表 11.3 2015 年城市经济、产业、人口基础数据

城市	地区生产总值/亿元	三次产业结构比例	年末人口/万人
海口	1 161.28	5.0∶19.3∶75.7	222.3
澄迈	268.56	24.2∶40.8∶35.0	48.39
文昌	165.21	38.2∶25.1∶36.7	55.49
定安	70.85	38.1∶15.1∶46.8	28.88
屯昌	53.698 8	41.3∶14.6∶44.1	26.21
琼海	202.54	36.5∶13.5∶50	50.07
临高	139.9	68.9∶6.3∶24.8	43.79
儋州	230.2	45.3∶12.8∶41.9	89.18

11.1.2 数据处理

交通中心性（孟延春等，2013）：依据百度地图、中国高速公路路网图等，基于两两城市之间的实际距离及其高速公路的城市节点与城市节点联系的相对重要性，构建反映交通中心性的数据矩阵。

产业中心性（孟延春等，2013）：依据本区域城市的三次产业结构，计算两两城市之间的产业结构相似系数，构建反映产业中心性的数据矩阵。

吸引力中心性（孟延春等，2013）：依据本区域城市之间的交通距离、人口规模，运用引力模型计算两两城市之间的吸引力指数，构建反映吸引力中心性的数据矩阵。

11.2　交通中心性分析

交通中心性计算结果显示：一方面，整体网络密度值为 0.664 3，整体网络密度较高，这表明本区域城市在交通运输方面处于一种较强的交通联系状态，反映了这些城市间存在良好的交通条件；另一方面，本区域的城市程度中心度为 55.46%，亲近中心度为 20.89%，中介中心度为 2.04%，反映了本区域存在中心性较为突出的交通枢纽型城市。海南省省会经济圈交通网络的空间形态如图 11.1 所示。

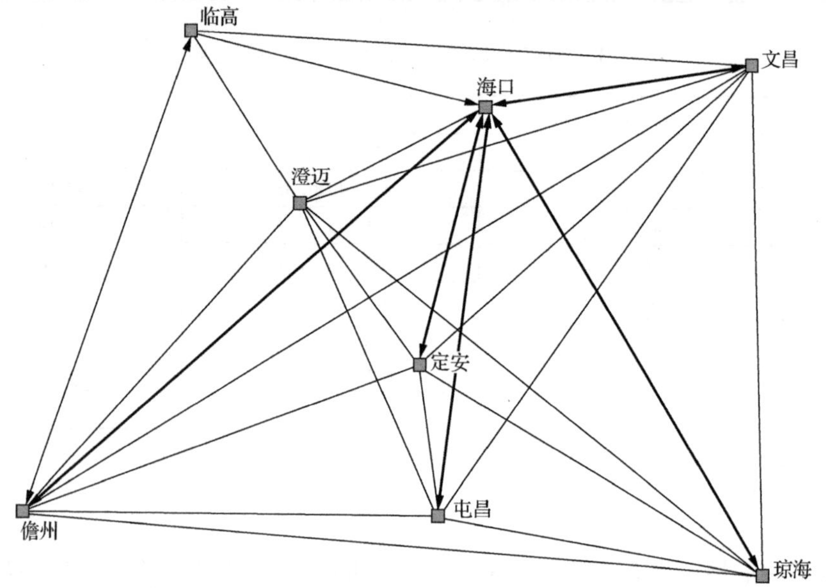

图 11.1　海南省省会经济圈交通网络的空间形态

交通中心性计算结果（表 11.4）表明：海口的程度中心度最大，反映了在交通方面海口在本区域中处于核心地位，辐射影响其他城市和接受其他城市影响作用的程度最高，在交通基础设施和交通便利性方面具备较强的综合优势。临高、定安、澄迈三市县程度中心度的数值偏小，排序靠后。由于临高位于本区域的最外围，在交通基础设施方面与本区域其他城市缺乏较为直接的交通网络联系，通达性较差，处于交通往来的边缘区，主动影响其他城市和接受其他城市影响的程度低。而定安、澄迈在地理空间上毗邻海口，处于省会城市海口的阴影区，其对外交通联系网络受到海口的影响。

表 11.4 交通中心性 单位：%

序号	城市排序	程度中心度	城市排序	亲近中心度	城市排序	中介中心度
1	海口	62.551	海口	100	海口	3.571
2	屯昌	18.927	澄迈	100	澄迈	3.571
3	儋州	18.882	文昌	100	文昌	3.571
4	琼海	16.629	儋州	100	儋州	3.571
5	文昌	13.880	屯昌	87.5	屯昌	0.000
6	临高	12.889	琼海	87.5	琼海	0.000
7	定安	12.168	定安	87.5	临高	0.000
8	澄迈	11.717	临高	70.0	定安	0.000
	均值	20.955	均值	91.56	均值	1.786

交通亲近中心度的平均值为 91.56%，数值很高，各节点的亲近中心度分布较为均匀，显示出本区域的交通联系方面存在较强的整体性。海口、澄迈、文昌和儋州具有较高的中介中心度，表明海口、澄迈、文昌和儋州在本区域城市间的交通中起到中介和桥梁作用。屯昌、琼海、定安和临高在地理位置上处于区域的边缘区，说明这 4 个城市与本区域其他城市的交通通达性、中介连接性较差。

11.3 产业中心性分析

产业中心性计算结果显示：一方面，整体网络密度值为 0.867，整体网络密度高，表明本区域城市间的产业发展相互影响较为强烈；另一方面，本区域的城市程度中心度的点出度和点入度分别为 34.263%、55.328%，中介中心度为 10.61%，反映了本区域城市的产业结构相似度较高，产业发展呈现一定的同构性和竞争性。

产业中心性计算结果（表 11.5）表明：海口的程度中心度的点出度最大，反映了海口在海南省省会经济圈中，在产业发展方面处于核心地位，主动辐射影响其他城市的作用程度最高。此外，澄迈、文昌的点出度也较大，说明这两个城市产业专业化程度较高，对周边城市起到一定程度的辐射和带动作用，但是“海澄文”的整体辐射作用还不够强。儋州点出度最小，但是点入度最大。这是因为儋州在产业结构方面，主要以第一产业和第三产业为主，在产业结构方面与海口、澄迈等城市有较强的互补性；第二产业较薄弱，表现出在产业发展方面对于周边其他城市的辐射作用较低，接受其他城市影响作用的程度较高。

表 11.5　产业中心性　　单位：%

序号	程度中心度				亲近中心度				中介中心度	
	城市排序	点出度	城市排序	点入度	城市排序	点出度	城市排序	点入度	城市排序	中心度
1	海口	76.690	儋州	92.817	海口	100.00	儋州	100.00	定安	12.857
2	澄迈	74.819	琼海	70.707	澄迈	50.000	临高	50.000	琼海	12.857
3	文昌	71.788	临高	68.330	文昌	33.333	琼海	33.333	屯昌	0.952
4	定安	60.431	屯昌	57.730	定安	25.000	屯昌	25.000	文昌	0.952
5	屯昌	48.401	定安	45.833	屯昌	20.000	定安	20.000	儋州	0.952
6	琼海	35.083	文昌	33.603	琼海	16.667	文昌	16.667	临高	0.000
7	临高	23.945	澄迈	22.137	临高	14.286	澄迈	14.286	澄迈	0.000
8	儋州	12.500	海口	12.500	儋州	12.500	海口	12.500	海口	0.000
	均值	50.457	均值	50.457	均值	33.973	均值	33.973	均值	3.571

产业发展的亲近中心度的点出度和点入度平均值均为 33.973%，数值较低，网络中各节点的亲近中心度分布不均匀，显示出本区域城市的产业网络存在较弱的整体联结性。海口具有很高的亲近中心度点出度，说明海口与其他城市的产业发展联系十分紧密。同时，海口具有很低的亲近中心度点入度，说明海口在对外经济和产业发展上较少受到其他城市的影响。儋州的亲近中心度点入度很高，说明在产业发展方面，与其他城市联系紧密，且受其他城市影响较大。

中介中心度结果显示，本区域城市的中介中心度总体处于较低水平，均值为 3.571%，有 3 个城市的中介中心度为 0.000，表明这 3 个城市的中介中心度相对较弱。定安、琼海的中介中心度高，明显优于其他城市，在区域经济发展中产业结构具有较强的互补性，与其他城市联系较为密切。

综合来看，一方面，海口、澄迈、文昌在产业发展中对其他城市的辐射和影响力较大，受其他城市的影响相对较小，仍处于内向集聚发展阶段；定安位于北部组团的南部，是中部组团进入北部组团的前沿，而琼海属于东部组团，毗邻北部组团，是北部组团进入东部组团的桥头堡，在产业发展方面辐射影响其他城市的作用较为明显。另一方面，在本区域存在 4 个产业族群（图 11.2）：①产业族群一由海口、澄迈、文昌、定安组成；②产业族群二由琼海和屯昌组成；③产业族群三由儋州组成；④产业族群四由临高组成。

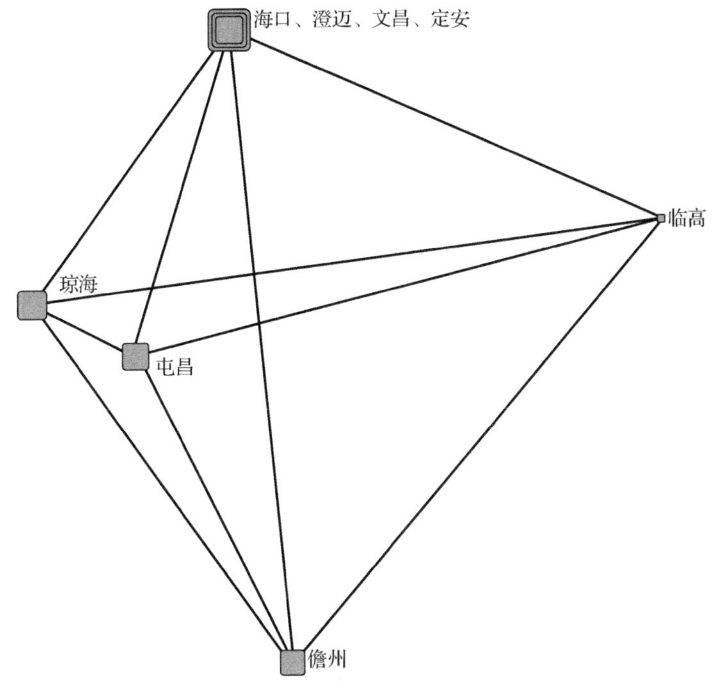

图 11.2 海南省省会经济圈产业网络的空间形态

11.4 吸引力中心性分析

吸引力中心性计算结果显示：一方面，整体网络密度值为 0.303 6，整体网络密度不高，表明本区域城市间合作与交流较少；另一方面，本区域城市程度中心度的点出度为 79.592%，点入度为 14.286%，中介中心度为 30.27%，反映了本区域存在中心性突出的影响资源配置的中心城市。海南省省会经济圈吸引力网络的空间形态如图 11.3 所示。

吸引力中心性计算结果（表 11.6）表明：海口程度中心度的点出度最大，反映了海口在省会经济圈中的城市吸引力方面处于核心地位，主动辐射影响其他城市的作用程度最高，同时，临高的点入度最大，表明其受到其他城市的影响最大。澄迈、文昌等城市程度中心度的点出度也较大，说明这些城市在本区域中影响要素资源配置的能力较强。同时，海口、澄迈、文昌等城市的程度中心度的点入度相对较高，说明在本区域中，海口、澄迈、文昌的外部和内部吸引力都很强，具有绝对的吸引优势。屯昌和定安的程度中心度的点出度最小，为 0.000。在本区域屯昌、定安处于边缘区位，交通通达性不高，人口规模小，经济欠发达，导致屯

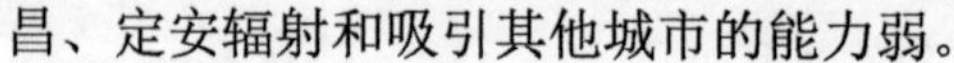

昌、定安辐射和吸引其他城市的能力弱。

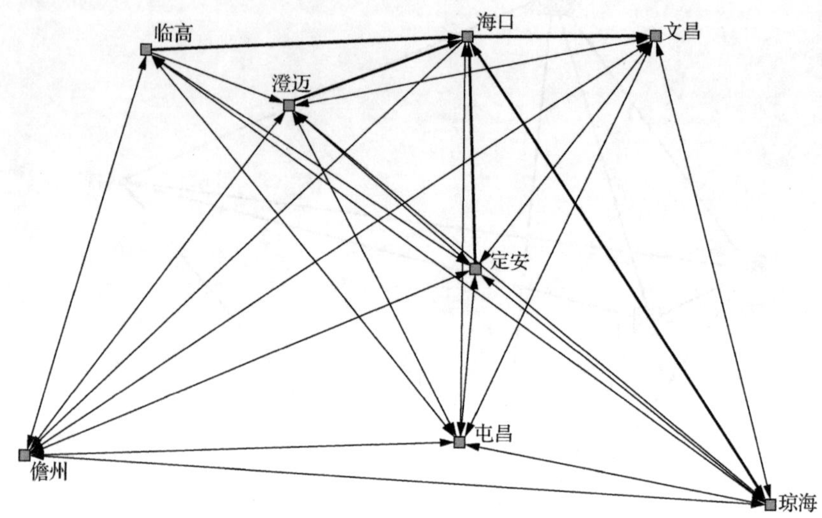

图 11.3　海南省省会经济圈吸引力网络的空间形态

表 11.6　吸引力中心性

序号	程度中心度				亲近中心度				中介中心度	
	城市排序	点出度	城市排序	点入度	城市排序	点出度	城市排序	点入度	城市排序	中心度
1	海口	100.00	临高	42.857	海口	100	屯昌	35.000	海口	38.095
2	澄迈	71.429	文昌	28.571	澄迈	77.778	定安	35.000	澄迈	26.190
3	文昌	28.571	澄迈	28.571	文昌	58.333	临高	29.167	文昌	14.286
4	临高	14.286	海口	28.571	琼海	58.333	澄迈	28.000	临高	14.286
5	儋州	14.286	定安	28.571	临高	46.667	海口	28.000	定安	0.000
6	琼海	14.286	屯昌	28.571	儋州	35.000	儋州	28.000	琼海	0.000
7	定安	0.000	琼海	28.571	定安	12.500	文昌	25.926	屯昌	0.000
8	屯昌	0.000	儋州	28.571	屯昌	12.500	琼海	25.926	儋州	0.000
	均值	30.357	均值	30.357	均值	47.708	均值	29.377	均值	11.607

吸引力的亲近中心度的点出度平均值为 47.708%，点入度的平均值为 29.377%，数值较低，网络中各节点的亲近中心度分布不均衡现象严重，显示出本区域城市在吸引力方面呈现出较弱的整体联结性。中介中心度结果显示，本区域城市的中介中心度总体处于较低水平，均值为 11.607%，其中有 4 个城市中介中心度为 0.000，显示出本区域城市资源要素的集聚度不高。

海口、澄迈、文昌、临高亲近中心度的点出度、点入度及中介中心度较高，说明这 4 个城市与其他城市间的相互联系十分紧密，影响力大。相反，儋州、定安、屯昌亲近中心度的点出度、点入度及中介中心度都偏低，说明这些城市与其他城市间的联系程度较低，对资源的配置能力弱。

综合来看，一方面，海口、澄迈、文昌具有较强的吸引力，在本区域对要素资源配置的影响能力相对最强；而定安、屯昌最低。另一方面，本区域存在两个吸引力凝聚子群（图 11.4）。东南部凝聚子群由屯昌、定安、文昌、琼海组成，西北部凝聚子群由海口、澄迈、临高、儋州组成。

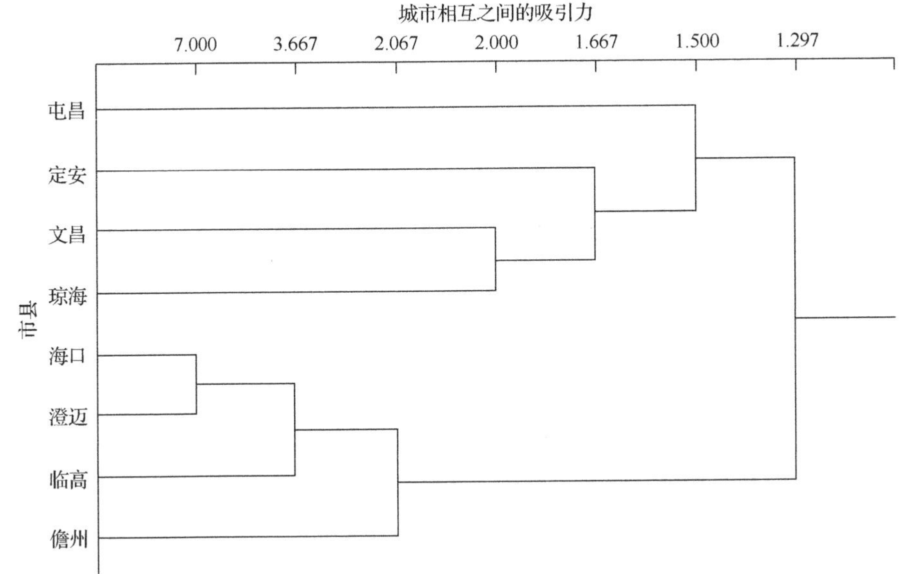

图 11.4　海南省省会经济圈城市吸引力凝聚子群

基于上述的分析，可以得出如下结论与建议：

在交通中心性方面，海口在本区域中处于核心地位，辐射影响其他城市和接受其他城市影响作用的程度最高，在交通基础设施和交通便利性方面具备较强的综合优势，在“海澄文”区域起到中介和桥梁作用。在产业中心性方面，“海澄文”对其他城市的辐射和影响力较大，受其他城市的影响相对较小，仍处于内向集聚发展阶段。在吸引力中心性方面，“海澄文”具有较强的吸引力，在本区域对要素资源配置的影响能力相对较强。

海南省省会经济圈交通、产业的网络联系密度均较高，说明城市间存在良好的交通条件，但是产业发展呈现一定的同构性和竞争性，相互影响较大。吸引力的网络联系密度较低，表明本区域城市间合作与交流较少，存在“一城独大”的、中心性突出、影响资源配置的中心城市。澄迈、文昌等其他城市成为海口集聚阴影地区，导致其产业发展动力不足。

存在两个吸引力凝聚子群。其分布与东线高速、西线高速两个通道高度相关。

屯昌、文昌、定安、琼海组成东南部凝聚子群，海口、澄迈、临高、儋州组成西北部凝聚子群。两个吸引力凝聚子群内部的组成单元之间的联系较大，海口与澄迈联系密切，而文昌与琼海、定安联系较为密切，这不利于“海澄文”城市集群发展。今后，海口要加强与文昌之间的合作与交流。

建议如下：一是要做大做强海口的经济规模和经济效益。海口在生活性服务业和生产性服务业方面“两手都要抓，两手都要硬”，除重点发展高端生活性服务业之外，还可适当发展生产性服务业。二是要设立海口国家级新区，通过体制机制创新，释放政策红利，加快海口经济发展。三是通过 6 个一体化建设，即基础设施一体化、产业布局一体化、城镇空间一体化、公共服务一体化、生态环保一体化、创新体系一体化来促进海口集聚阴影地区的发展。

第三篇　共生与一体化

第12章 “大三亚”旅游空间发展对策

12.1 提升承载力

1）提升资源存量利用效率。集约高效利用土地资源，提高单位面积经济效益。严格控制人均建设用地指标，精细规划城乡建设。以用水总量和效率为导向，提高水资源利用效率。强化用水定额标准实施，优化用水结构。

2）提高资源的增量。提高已开发建设用地增量，优化土地资源空间开发格局。对未利用地进行土地整理，提高适宜建设用地规模。建立用地的适宜性评价，保障未来耕地安全。对现有水库扩容，提升水库的蓄水规模。兴建水库、自来水厂等设施，增强丰水年、枯水年和平水年的供水调剂能力。

3）提高生态环境剩余容量，加快经济高质量发展。增强生态环境治理能力。大力发展绿色经济，加大产业的科技创新元素。选择发展与周边市县“大同质小差异”的产业。建立生态横向补偿基金。完善道网、水网等基础设施建设。

4）提升政府治理能力的现代化水平。持续推进人口城镇化和人口适度集聚，以人口城镇化促进人口生产、生活方式的转变。实行差别化人口调节政策，对人居环境不适宜人类生活和居住的地区（如陵水生态红线保护区内的乡镇），实施限制人口迁入政策，有序推进生态移民。通过加强人口动态数据收集分析，建立人口短期变动监测预警报告制度，提升政府对人口承载力的管控能力。

5）采用现代技术提升人口承载力弹性。实施数字化城市管理，将全球定位系统、地理信息系统、遥感技术、计算机技术、网络通信技术等运用于城市管理工作中，再造城市管理流程。打造智慧农业，将物联网技术应用到农业中，从而实现智能灌溉，以及农业的自动化。对酒店、景区等旅游企业实施低碳化改造，全县旅游产业整体通过 ISO 14000 环境管理系列标准的认证，建设环境友好型旅游目的地。更新生态环境污染治理技术，实施产业环境准入负面清单制度。运用催化技术、膜技术和微波技术等绿色物理、化学技术治理环境污染，可以提高环境治理水平，改善环境质量，为公众的生活提供优质的环境。

6）拓展旅游人口承载空间。开发和拓展新旅游片区，提升“大三亚”区域旅游人口承载能力。通过合理分配游憩用地、旅游服务设施用地、旅游接待用地和旅游管理用地，使旅游区空间利用率得到有效提高。大力促进A级景区改造提升及基础设施项目建设，统一整合全域旅游资源，丰富全季旅游产品，满足游客旅游期间的游览路线需求，提高游客旅游品质。加强旅游设施建设，推进服务要素全域化：一是完善旅游交通网络；二是继续提升住宿水平；三是培育旅游购物中心。

7）开展实时监测、管控游客数量。加大旅游人口承载力的监管力度，控制好旅游人口承载力，启动“智慧旅游”大数据项目，加快建设旅游大数据中心。加强旅游流的引流、分流、节流管理。继续积极融入“大三亚”旅游经济圈，吸引更多的旅游流。设计旅游线路优化方案，引导游客分线路游览。根据景区景点分布，依托交通路网框架，设计经典旅游线路，串联大多数景区。发挥“预约”制度和“卡口”效应，利用节流应对局部、瞬时超载问题。

12.2　构建共生关系

1）要转变旅游产业发展观念，通过“旅游+”“+旅游”双轮驱动，把旅游产业打造成一个平台型产业，以实现旅游产业融合发展，打开旅游产业边界，与其他产业实现共生共赢共融。“旅游+”要突破传统旅游业的各项要素，对传统旅游进行升级改造，以旅游为引领，搭建平台、促进共享、提升价值，将旅游的功能渗透到各个产业领域。充分发挥“大三亚”旅游业的拉动力、融合能力，以及催化、集成作用，为相关产业和领域发展提供旅游平台，插上“旅游”翅膀，形成新业态，提升其发展水平和综合价值。

2）要转变政府职能，即从服务型政府的职能向平台型政府职能转变，政府职能要突出加强规划引领、政策扶持、营商环境改善几个方面的工作，维护平台正常、高效运行。充分发挥市场在资源配置中的决定性作用，强化企业主体地位，发挥企业创新的主导作用，进一步激发企业活力和创造力。

3）要转变城市发展观念，专业旅游城市三亚不仅要自己发展旅游业，还要帮助其他 3 个市县发展旅游业，只有形成一个共生的系统，才能做大做强。处于集聚阴影地区的 3 个市县也要重视旅游业的发展，借势发展。因此，针对“大三亚”旅游经济圈，相关部门应统筹考虑，综合施策：一是要分工协作，首先发现自己的优势，找到自己的定位，错位发展；二是要有一个总指挥，发挥组织协调的作用，在统一指挥下协同增效；三是要有一个共同的行动纲领，有共同的目标。

“大三亚”旅游经济圈协调发展，要以市场为主导，以政府合作为补充，以地方利益为基础，整合资源，建立旅游客源共享平台，打造互补型旅游产品，通过实施突破竞争策略和协同合作策略，建设世界一流旅游目的地。一是采取突破竞争策略。“集聚阴影”地区由于缺乏品牌、形象与特色，受到三亚的“形象屏蔽”。“集聚阴影”地区 3 个市县必须采取突破战略，找准定位，依靠独特的资源优势，以个性化、精品化、市场化的旅游形象和旅游产品，突破三亚的屏蔽区隔，亮出各自的旅游名片。二是协同合作策略。集聚阴影地区应该积极参与“大三亚”旅游经济圈建设，错位发展，形成协同效应，融入“大三亚”旅游经济圈，分享三亚旅游带来的溢出效应和辐射效应，促进人流、物流和信息流在区域内的有效流动。三亚为都市区中心城市，应强化旅游服务职能，完善旅游基础设施建设，积极发展餐饮、娱乐、休闲等旅游服务产业，打造“大三亚”旅游综合中心、产业中心。节点城市乐东、保亭、陵水应发挥组团功能，发展旅游特色城市和农业特色城镇。

12.3　优化空间布局

改变旅游空间核心-边缘布局模式，“大三亚”继续做强核心，做大边缘，缩小核心与边缘的差距，最终实现旅游空间一体化发展。通过优化空间布局，以“轴心牵引、山海互动、圈层融合”的空间结构统领区域总体空间发展。

12.3.1　轴心牵引区域发展

“一心”是指形成以吉阳区和天涯区为主的“大三亚”中心城区，并打造旅游经济最发达、旅游人口最集聚、旅游服务综合竞争力最强的核心区。以现代服务业为引领，提升“大三亚”中心城区综合服务水平，提高区域集聚辐射带动能力。“一轴”是指滨海旅游核心轴。以环岛高速、环岛高铁、滨海旅游路线为依托，构建滨海旅游产业经济带。

12.3.2　山海互动腹地空间发展

构建“三条”山海互动发展带，形成九所—乐东、天涯—乐东、海棠湾—保亭三条滨海-腹地发展带。引导旅游产业和人口向轴带聚集，形成区域发展的主要支撑，辐射带动周边区域发展。

12.3.3　圈层融合城乡发展

将“大三亚”旅游经济圈划入热带雨林国家公园范围内的国土部分，围绕热带雨林国家公园核心保护区，形成圈层生态休闲旅游圈，适度开发雨林观光、度假养生、森林文化科普、户外运动探险、雨林科考等生态旅游产品。依托热带农业、农村等自然资源和黎苗风情等人文资源，开发传统村落遗址观光、农耕文化体验、农事活动体验、民俗文化风情体验、野外生存体验、养生度假、乡土教育、自然教育等乡村生态旅游产品。

12.4 实现旅游一体化

旅游一体化是破解“大三亚”旅游空间集聚阴影的关键一招。一体化包括旅游交通一体化、旅游产品一体化、旅游品牌一体化、旅游公共服务一体化。

12.4.1 旅游交通一体化

旅游交通使游客的空间位移得以实现，其本身也构成一种旅游吸引物。因此，交通对旅游业的发展有着至关重要的意义，其便利性、舒适性、安全性是游客旅游目的地选择中的重要因素。目前影响“大三亚”区域经济一体化的重要瓶颈因素就是旅游交通问题，因此，构建区域旅游交通体系，对提升区域旅游一体化水平具有重要的意义和作用。

1. 构建“海陆空”三位一体的旅游交通网

构建“海陆空”三位一体的旅游交通网主要从道路的互联互通方面加强旅游交通建设。首先，在乐东、保亭、陵水建设二类通用机场，使其具备一类通用机场临时备降、各类通航飞行业务功能；发展“大三亚”通用航空，积极推进低空空域开放。其次，打造区域旅游公路的环线，构建沿海旅游观光廊道，开设连接三亚、陵水和乐东三地的近岸海上旅游航线，并作为未来环海南岛海上旅游航线的重要组成部分。最后，开设三亚至三沙海上旅游航线，建设快速高效的智慧交通体系；以旅游景区码头、渔港渔村、自然海岛、人工岛、人工渔礁、珊瑚礁为站点，开辟三亚、乐东、陵水之间的海上航线；强化路港互联，加强机场、港口、动车站、高速公路连接线的互联互通及一体化规划建设，打破市县之间、旅游景区之间的交通瓶颈。

2. 增强凤凰国际机场的辐射功能

构建以凤凰国际机场为中心，轨道交通和高、快速道路有机衔接的立体式综合交通换乘枢纽，加快建设国际综合性航空枢纽。

3. 建设国际性航运中心

加快凤凰岛国际邮轮母港建设，实现“大三亚”对外海上交通的互通互联。增强三亚港集聚和辐射能力，形成以三亚港为中心，与其他港口合理分工、紧密协作的国际航运枢纽港群。

4. 滨海-腹地旅游交通一体化

加快推进旅游公路建设，建成以三亚至保亭、陵水、乐东的风景旅游公路。加快三亚、陵水、乐东滨海地区向保亭山区腹地的旅游通道建设，促进山海联动发展，建立“三亚—海棠湾—保亭—五指山”高等级公路在内的山海快速交通系统，形成山区腹地对滨海旅游服务功能的重要补充。依托滨海旅游公路、环岛高速铁路、特色旅游轨道交通系统与五网（路网、水网、电网、天然气网、光网）对接，强化横向滨海旅游服务城镇及旅游景区间旅游交通便捷、高效、一体化联系。

12.4.2 旅游产品一体化

高起点、高标准、组团式开发旅游片区，重点发展“大三亚”滨海休闲度假游、“大三亚”黎苗文化风情游、“大三亚”山地雨林温泉游。

充分发挥“大三亚”的区位和资源优势，错位发展、高水平差异化发展旅游业。依托海棠湾、亚龙湾、崖州湾、清水湾、香水湾、龙沐湾、龙栖湾、莺歌海等海湾，优先发展滨海度假旅游产品。重点发展海洋旅游产品，发展以热带海岛生态为特色的度假、休闲、运动、体验等旅游项目，利用热带海洋优势发展邮轮、游艇、帆船、帆板等旅游项目，以及房车旅游等旅游新业态。建设高级医疗、康复、救助设施，积极开发保健、药膳和中医调理等休闲保健项目，加快发展外科手术、治病疗伤和临老关怀等疾病治疗服务业，将三亚建设成琼南地区的医疗康复中心。

在陵水、保亭、乐东等积极发展休闲农业、生态旅游与民俗文化旅游。挖掘特色乡村旅游潜力，开发海洋牧场科技生态观光、热带农艺风情观光旅游，创新体验和乡村旅游新业态。依托山区森林资源优势，积极发展热带森林生态旅游产品，发展野外培训、拓展、科普和研学旅游，逐步把黎苗文化融入乡村建设，并与雨林、温泉的相关产品相融合，建成多个具有民族风情和热带特色的产业特色小镇。

12.4.3 旅游品牌一体化

建立“大三亚”旅游品牌一体化体系，统一设计“大三亚”区域城市符号等视觉识别系统，在游客认知上实现区域一体化。以“优化服务，多区联动”为主线，坚持“大三亚”一体化协同发展理念，充分发挥“三亚”品牌效应。依托产业发展将“大三亚”打造为四市县共享品牌，使三亚品牌价值外延扩大，品牌辐射能力增强。

1. 构建区域统一旅游品牌

根据“大三亚”不同旅游产品类型，深化旅游资源整合，着力打造具有“大三亚”特色的旅游品牌。以三亚为中心，基于乐东-三亚崖州区组团的“大三亚”西海岸，基于陵水-三亚海棠湾组团的“大三亚”东海岸，基于三亚湾组团的“大三亚”南海岸，基于保亭-陵水的“大三亚”温泉和基于乐东的“大三亚”雨林，进一步提升三亚旅游品质和高端市场份额。同时，各市县保持自身品牌，三亚主打“浪漫天涯”品牌，陵水主打“珍珠海岸”品牌，保亭主打“奇境保亭”品牌，乐东主打“乐山乐水”品牌。

2. 捆绑式营销，促进市场营销融合

建立统一标志、统一形象、统一口号的营销体系，创新营销模式，开展捆绑式营销和联合宣传，实现整体联动，稳定原有客源市场，拓展新的客源市场。通过整合资源，联合海内外市场进行宣传推广，包括创建“大三亚”区域统一视觉识别系统、建立统一的门户网站、共同推出手机 App 及微信平台，借助传统媒体和新媒体推广等。

12.4.4　旅游公共服务一体化

加快旅游服务中心、旅游集散中心、旅游厕所、标识标牌等公共服务体系建设。加强旅游市场监管合作和旅游信息互换，建立行业监管通报机制和旅游应急联动机制。协调处理重大旅游事件和旅游投诉，共同维护游客和旅游经营者的合法权益。

1. 硬件设施一体化

建设“一主四副多节点”的旅游服务中心体系。“一主”，即在原有三亚市民游客服务中心的基础上建设“大三亚”市民游客服务中心，增强多元化功能，增加多区域推广。“四副”，即在陵水、保亭、乐东推广打造集服务、交通、定制、咨询于一体的市民游客服务副中心，辐射周边小镇、营地各节点系统，为游客提供各项交通换乘、咨询、车辆租赁、购物、物资补给等服务。“多节点”，即以“大三亚”道路体系和主要旅游资源为依托构建的旅游服务中心，作为线性道路上的主要服务节点，在传承本土文化、解决当地居民就业的同时，也具备车辆租赁与维护、物资补给、票务管理、车辆转乘等服务。

2. 软件服务一体化

协同各方力量，将铁路、公路、民航、水运等交通，以及与此相衔接的城市内部交通信息进行全面整合，建立完善的“大三亚”交通信息服务体系，进一步拓展旅游公共服务信息领域，目标是建成资源共享、信息兼容、具有强大检索和链接能力的游客咨询服务系统。打造“智慧‘大三亚’”精品旅游信息化工程。新建“大三亚”旅游营销推广网和“大三亚”移动旅游信息网，为“大三亚”自驾车游客提供信息咨询、租赁、安全支持等在线服务。建立统一的旅游管理信息共享和大数据决策分析系统，共同保障游客合法权益，构建诚信规范、优质安全的“大三亚”旅游目的地形象。

12.5 打造全域旅游“四轮驱动”

发展全域旅游应立足地方旅游发展条件和所处阶段，以市场为导向，破除求全迷思，寻重点，找抓手。对不同区位、不同先天资源、不同发展阶段的区域，全域旅游建设的工作重点、方法思路、实现周期、难易程度肯定有所不同。做全域旅游定要打破“全”的概念，绝不能面面俱到，否则就没有重点和突破口，而是对财力、物力、人力的浪费。

全域旅游的“四轮驱动”包括引领力、吸引力、推动力和支撑力。其中，引领力包含定位、战略、规划，吸引力包含旅游产品、公共服务设施，推动力包含市场监管、品牌营销，支撑力包含组织、政策和资源保护（图 12.1）。

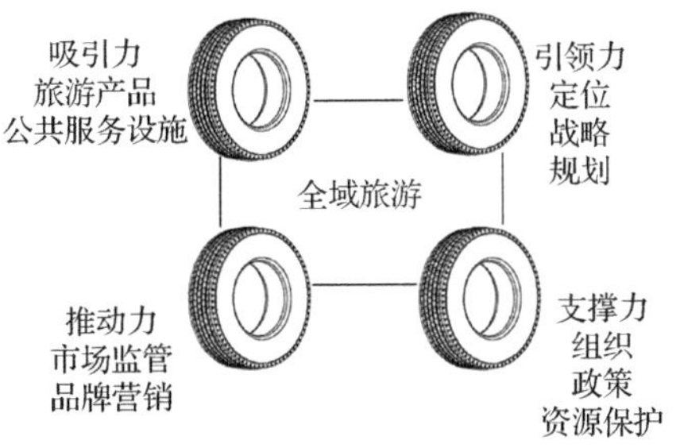

图 12.1 “四轮驱动”全域旅游发展

12.5.1 引领力

首先，明确定位，科学领导。明确旅游业作为战略性支柱产业，将全域旅游作为“第一工程”。树立“大旅游”格局，以旅游业统筹乡村振兴、人居环境改善、基础设施建设、城镇开发等。除了产业定位、产品定位外，还应有示范定位。其次，加强顶层设计，突出规划的引领作用。编制《全域旅游建设发展规划》，以及《工业旅游发展规划》《生态旅游发展规划》《康养旅游发展规划》《研学旅游发展规划》《乡村旅游发展规划》《文体旅游发展规划》等新业态新产品专项规划和《旅游商品开发规划》《公共服务设施建设规划》《旅游人才发展规划》《旅游市场营销规划》《旅游产品指导目录》等单项规划。

12.5.2 吸引力

要对照验收标准，不断完善供给体系和公共服务，主要表现在“抓点、串线、构面”。“抓点”：壮大市场主体，加快旅游产业园区建设。“串线”：产业链、服务链。“构面”：以产业融合为核心，实施“旅游+”战略，与工业、教育、体育、文化、健康、养老、演艺、农业等融合发展；实现旅游服务设施均等化，构建城市、镇区、矿区、园区、农场旅游服务设施体系。

12.5.3 推动力

加大旅游宣传营销力度，扩大品牌影响力，形成人人是旅游形象树立者的宣传意识。建立政府引导、部门协同、企业联手、媒体跟进的“四位一体”整合机制，融合政府、行业管理部门、行业协会、旅游企业、社区居民、媒介等各方力量，构建旅游公共营销组织体系，以形成发展合力，产生联动效应。提高市场监管能力，建立旅游领域社会信用体系。创新“1+3”市场监管模式。在旅文局和旅游警察、旅游巡回法庭及市场监督管理局基础上增加旅游检察、网上旅游速裁法庭等。

12.5.4 支撑力

加强旅游资源环境保护，遵循“三生”（生态、生活、生产）空间开发原则，编制旅游产业环境准入清单；建立以国家公园为主体的自然保护地体系；发展生态旅游，实施生态旅游认证；开展区域旅游规划环评；实施旅游设施低碳化改造。提供政策支撑，如财政支持政策、土地保障政策、人才政策和融资政策等。

12.6 开发国家公园生态旅游

“大三亚”旅游经济圈北部有一部分纳入了热带雨林国家公园范围，在国家公园体制下发展生态旅游对于“大三亚”来说是一个全新的课题，也是一次全新的挑战，需要解决一系列的重大的、关键性的问题和困惑，如谁来开发生态旅游？为谁开发？在哪里开展生态旅游？以何种方式展开生态旅游活动？生态旅游开发的强度和规模是多少才合适？生态旅游活动对当地的社会、经济、文化、生态会带来何种影响？通过借鉴国外经验，在保护生态环境的前提下，建设国家公园品牌价值提升工程，发展生态旅游业，可以逐步解决生态保护与产业发展的矛盾。

12.6.1 坚持全球视野、国际标准，展现国家形象

1. 坚持全球视野，加强国家公园顶层设计

借鉴全球国家公园建设和发展经验，结合海南中部山区的资源特点和发展条件，加强对海南热带雨林国家公园顶层设计。首先，充分发挥自由贸易区（港）的人才政策优势，招揽、吸引一批对国家公园管理和生态旅游开发有丰富经验、专业扎实的国际专业管理人才，参与热带雨林国家公园建设。其次，由海南省自然资源和规划厅牵头，成立由国内外专家组成的、专业齐全的规划团队，编制热带雨林国家公园总体规划和专项规划，作为指导热带雨林国家公园体制下生态旅游发展的政策依据。最后，以规划为引领，有序推进热带雨林国家公园建设的各项工作，重点统筹推进热带雨林国家公园范围内的生态移民、基础设施建设及旅游产业协调发展工作。

2. 坚持国际标准，高起点、高水平开发生态旅游

生态旅游是国际上旅游人数和旅游收入增长速度最快的旅游产品之一，而国家公园最适宜开展生态旅游活动。根据《建立国家公园体制总体方案》，国家公园范围内应保持较好的生态系统完整性和原真性，但是海南热带雨林的生态系统也具有脆弱性。因此，在开展生态旅游方面，必须采用国际上国家公园比较成熟的生态旅游开发、建设标准，因地制宜、突出特色，高起点、高水平开发生态旅游。一是切实编制好符合国土空间规划的海南生态旅游发展总体规划，统筹生态、生活、生产空间布局，明确功能分区，细化开发利用边界，最大限度地降低人为干扰自然的程度。二是在合理规划生态旅游资源开发利用的前提下，在具体的生态

旅游项目和基础设施建设上，采用太阳能等新能源技术、新材料，以实现生态旅游的可持续发展。三是采用大数据、遥感等现代科技手段，在一些生态环境较敏感的地区开展旅游活动监测，把握好生态旅游开发的度。

3. 建设生态文明示范区，展现中国国家形象

要加快建设海南自由贸易试验区和中国特色自由贸易港，让海南成为展示中国风范、中国气派、中国形象的亮丽名片，这是党和国家对海南的要求和期望。而海南中部热带雨林拥有一系列国家代表性的资源环境，热带雨林国家公园就是海南展示中国形象的重要平台。贫穷落后和生态环境污染与当今中国国家形象格格不入，在保护生态环境的前提下，改善当地居民落后的生活状态，成为海南生态文明示范区建设的重中之重，而发展生态旅游是将生态优势转变为发展优势的重要手段，是实现“青山绿水”向“金山银山”转换的重要途径，因此，在国家公园体制下发展生态旅游，要精心谋划、精准发力、精细管理，像绣花一样把热带雨林公园打造成一幅海南版的“富春山居图”。

12.6.2　遵循国家公园发展规律，创新生态旅游发展理念

1. “荒野模式”“社区参与”是建设国家公园的两个典型模式

纵观国家公园的发展历程，其最早的发展模式是美国的“荒野模式”，将原住居民全部迁出，打造人类“零”干扰的生态旅游发展模式。随着现代科学技术的发展，欧洲和澳洲开启了“社区参与”模式，将原住民大部分迁出，少部分留在国家公园生态旅游区，将原住民文化融入生态旅游发展当中，让国家公园生态旅游更加鲜活，更加符合区域发展规律。热带雨林国家公园应当遵循国家公园发展的客观规律，秉承原住民是国家公园的一部分的理念，实行“社区参与”建设模式。

2. 树立以生态环境为核心、以人为本的生态发展理念

生态环境是相对于人类而言的，以生态环境为核心就是把保护人类生存发展的空间放在首位，是以人为本的重要体现。因此，人及其环境的发展是以人为本发展理念的题中应有之义。通过更新旅游发展传统理念，树立生态环境是“主人”、游客是“客人”、管理者是“仆人”的发展理念，理清“主-客-仆”三者之间的关系，是生态旅游实现可持续发展的重要思想认识，是国家公园体制下生态旅游发展制胜的法宝。

3. 厚植生态资本优势，实现生态旅游国家公园品牌增值效应

实施生态旅游低碳认证。秉承绿色发展理念，对旅游酒店、旅游景区等设施进行低碳化改造及认证，在乡村振兴战略中体现生态体验、生态教育、生态认知的生态特色。生态旅游与其他产业的深度融合。发挥南药、绿色农产品、绿色食品的资源优势，可利用优质的生态环境与医疗产业结合，开展医养结合的候鸟式养老游和中医保健养生游，探索生态旅游与养老、养生、医疗、健康、绿色食品等产业的深度融合。创建热带雨林国家公园品牌。发挥国际旅游消费中心的政策优势，从吃、住、行、游、购、娱旅游六要素入手扩大生态优势和生态文化内涵，做大做强热带雨林国家公园品牌，放大品牌增值效应。

4. 坚持小开发、大保护理念，创建“共建、共管、共享”发展新模式

生态旅游应坚持小开发、大保护理念。“大”与“小”相辅相成，“小”表现为小面积、低强度、零排放的开发建设活动，“大”表现为大投入、大收益、大面积的保护活动。国家公园体制下生态旅游开发过程中非核心区应通过点状的开发，以较小的生态环境影响或无生态环境代价来换取社会经济价值，实现生态环境保护与当地社会经济协调发展。

鼓励当地社区参与热带雨林国家公园建设和生态旅游开发，创建“共建、共管、共享”发展新模式。一是采用当地政府、公司、村民合作的模式培育和扶持生态旅游产业，政府和公司出资、村民出地，合作开发生态旅游项目，收益可采用公司托底的方式。二是扶持社区优先就业，设置公园公益岗位，聘用当地村民参与公园保护和管理，这既可以提高村民的经济收入，又可以提高村民保护公园的积极性。三是旅游收益反哺社区发展，可制定《热带雨林国家公园生态旅游收益反哺社区发展方案》，让当地居民共享建设国家公园的收益，并自发将保护热带雨林国家公园的措施写进村规民约。

12.6.3 以生态体验为内核，打造具有热带雨林特色的生态旅游产品

1. 依托国家级热带雨林资源和黎苗民族文化，构建生态文化旅游产品体系

海南中部作为热带原始森林的天然宝库，既有保存较好的热带原始森林区及多种珍稀的野生动植物资源，也是海南黎族、苗族人口聚集区，可依托国家级热带雨林资源和黎苗民族文化，以市场为导向，构建以热带雨林生态观光、科考、研学旅游为基础产品，以生态康养、休闲度假为重点产品，以体育旅游、探险旅游为辅助产品的生态文化旅游产品体系。例如，针对科研工作者、专业爱好者、学生，开发雨林生态系统研究、野生动植物考察、标本采集、地质地貌考察等科

考生态旅游产品；针对学生、家庭，开发热带雨林知识学习、拓展训练、动植物科学普及等研学生态旅游产品；针对普通生态观光游客，开发山地森林观光、野生动植物观赏、山地气象观赏等生态观光旅游产品；针对中老年游客，开发森林浴、林中散步、野餐、露营、森林疗养等生态康养度假产品；针对运动爱好者，开发登山、攀岩、蹦极、滑翔、漂流等体育生态旅游产品；针对探险爱好者，开发森林徒步旅行、激流探险、洞穴探险、野外生存训练等探险生态旅游产品。

2. 打造热带田园林综合体，提供一站式热带雨林生态体验服务

园中有田、林中有园，田园林是热带雨林中常见的完整生态系统。田园林综合体将成为热带雨林国家公园体制下生态旅游发展的重要载体之一。在国家公园试验区划定一定区域，依据田园林空间格局将其建设成集生态展示中心、博物馆、接待中心和生态体验点于一体的综合载体，提供一站式热带雨林生态体验服务，游客无须进入国家公园核心区，就能体验热带雨林生态之美，感受热带雨林的神奇。

3. 注重环境教育功能，展示国家的资源价值和历史脉络

生态旅游产品开发要注重环境教育功能，主要从自然科学和人文历史两个维度向游客展示国家的资源价值和历史脉络。开展生态伦理教育。教育人们尊重自然、顺应自然、保护自然，使传统生态文化得到传承和弘扬，并将社会主义核心价值观融合到传统文化中，形成具有时代特色的生态伦理观。开展生态科普教育。以热带雨林自然风光、黑冠长臂猿等野生动物、黎苗民俗文化为主要内容，通过制作影像、画册及展台、展板等宣传方式和解说系统，开展生态科普教育。开展国家公园常识教育。国家公园在我国尚属新生事物，应围绕国家公园的概念、建设国家公园的目的、世界国家公园的历史和特点、热带雨林国家公园的特色，以及原住民生产生活习惯、民风民俗和安全常识等方面开展普及教育。开展法律法规和政策教育。开展生态保护法律法规、国家公园建设有关政策和访客行为规范等方面的宣传教育，使当地居民和访客了解有关约束，自觉遵法、守法，各项活动在规矩约束范围内开展，构建依法有序的国家公园。

12.6.4 统筹内外园区空间资源，合理优化旅游功能分区

1. 整合各类空间，构建以保护为主、组团式的热带雨林国家公园空间格局

“保护为主，全民公益性优先”是国家公园的建设目标。在国家公园空间布局中，应坚持以生态保护为红线、资源利用为上线、环境质量为底线的空间划分原则，根据海南热带雨林集中分布在海南岛中南部的特点，构建以保护为主、组团

式的热带雨林国家公园空间格局。一是对自然保护区和森林公园进行空间整合。海南岛中部热带雨林区拥有鹦哥岭、黎母山、五指山、吊罗山、霸王岭、尖峰岭等国家级、省级自然保护区和森林公园，每一个自然保护区又按照保护程度划分为核心区、缓冲区、试验区。以生态系统的完整性对多个自然保护区进行空间整合，有利于保护动植物，减少人类干扰。二是以高速公路为边界形成组团式的空间保护格局。以琼中—五指山—乐东的高速公路为边界，在空间上形成南北两个组团，组团式的空间组织有利于热带雨林国家公园的管理和运营。

2. 统筹内外园区空间，以空间定功能，合理优化旅游功能分区

统筹国家公园内部空间和外围空间，充分利用两种空间。国家公园内部空间主要以保护为主，而外围地区以开发为主。如果外围空间开发过度，根据经济、环境外部性原理，势必影响热带雨林国家公园的管理和运营，因此国家公园生态旅游开发必须将园区外部空间纳入统筹考虑。以两种空间的资源环境承载力来确定旅游功能，可以将大部分的餐饮、住宿等旅游服务设施布局在外围地区，将生态旅游项目布局在园区的传统开发区，这既能够缓解园区的生态压力，又能满足游客的旅游需求。

3. 以线串点，合理组织园区内生态旅游线路

“线”主要是指交通干线，包括公路、水路等。“点”主要是指入口社区、特色小镇、民俗村寨等。第一，突出琼中国家公园“北大门”的节点作用。琼中位于海南中部热带雨林国家公园北部，可以考虑合理布局入口社区，建设若干特色小镇，承担热带雨林国家公园旅游接待功能。建议将热带雨林国家公园的行政中心放在琼中，以充分发挥其“北大门”的服务功能。第二，严格控制特色小镇的规模和强度。特色小镇是生态旅游基础设施和交通体系的重要载体，考虑琼中生态环境的敏感性和生态旅游承载力问题，应用景观生态学的原理和方法对琼中生态旅游基础设施和配套产业进行规划与建设，严格控制特色小镇的规模和强度。第三，区内游、区外住。在园区内策划 3～5 条生态旅游线路，依托交通设施，将特色小镇和民俗村寨串联。

12.6.5 合理控制旅游容量，开展旅游承载力评估

1. 生态旅游承载力测算

旅游业并不是完全的“无烟工业”，旅游的开发建设活动、维护活动及游客活动都会对生态环境产生影响，必须对开发生态旅游的区域进行环境影响和承受能力的评估，力争把游客控制在生态环境承载能力范围之内，以免破坏旅游区生态

环境。通过测算空间承载力、生态环境承载力、经济环境承载力、心理承载力（居民、游客），根据短板原理，取最小值为游客数量的阈值。

2. 实施游客入园预约制度，合理控制旅游人数

游客是指以生态保护为最高目标，在不影响生态环境等前提下，依法依规进入热带雨林国家公园进行自然体验、科学研究等的个人和团体。制订园区游客管理方案，建设游客科研综合服务中心等必要的基础设施。游客可通过网上预约等形式获得入园资格，小规模、分批次、有序地进入园区进行生态体验。原则上核心保育区和生态保育修复区禁止游客进入，其他区域，要在管护人员的带领下合规进行体验活动。

合理控制旅游人数，重点在于调控。一是宏观调控方面，政府应当给予大力支持，逐渐完善生态旅游区周边的一些配套设施，以缓解其高峰期的超载压力，淡季时可以采取“封园”措施。二是微观调控方面，充分开发和利用旅游信息系统，了解生态旅游区内部游客分布情况，管理部门及时与旅行社保持联系，合理分流游客。加强对房车、自驾车停放地点的管理，以免因游客随意停放车辆造成道路堵塞。可以运用经济杠杆调控客流量方向，如旺季高价、淡季低价等方法进行调控。

3. 开展山水林田湖综合治理，提高旅游承载力

山水林田湖是一个生命共同体，开展山水林田湖治理是提高旅游承载力的一个重要途径和方法。立足园区“山、水、林、田、湖”生态保护与修复的整体性、协同性和关联性，坚持“修山扩林、调田节水、生境修复、控污治河、保湖管理”并重，实施矿山环境治理工程、水土流失治理与水源涵养保护工程、土地整治项目、流域水资源优化配置项目、生活污染治理项目、清水产流修复项目、库塘湿地修复工程、生物多样性保护工程、湖泊保育与综合管理调控项目，全面恢复园区健康生态功能，有力提升生态环境承载力和旅游承载力，保障水体洁净、水量丰富和生态安全。

12.6.6 完善生态廊道体系，配套旅游基础设施

国家公园设立后，在地理空间上呈“岛屿状”，彼此孤立和隔离，进而对野生动物迁徙形成难以跨越的鸿沟（孤岛效应），很难达到生态保育的目的。生态廊道的建立就可为物种在不同栖息地之间迁移提供场所，对自然界物质、能量和基因的流动意义重大，有利于保护生物多样性、维护区域生态安全。

1. 构建立体化的生态廊道体系，将生态大廊道作为国家公园的骨架

生态廊道体系是指国家公园内形成的由道路廊道、河流水系廊道组成的网络，其完整性要高、通达性要好。利用生态廊道构建生态绿色网络，把森林公园、自然保护区、公园绿地和道路绿地等点串起来，形成一个完整连续的生态体系，为珍稀植物和野生动物的迁徙、栖息及保护提供有力保障。热带雨林国家公园应以生态大廊道或生境廊道为骨架，连接大型保护区及重点保护区域。在高速公路及干线道路两侧各建设了不少于 200m 的绿化带。路网结合绿化形成绿色通道，实现道路防护、生物迁徙通道的建设要求。划定昌化江、万泉河、南渡江的河道保护控制线，在主要河流两侧各控制 200m，结合绿化建设河流水系廊道。

2. 完善旅游配套设施，打造国际一流的游憩型廊道

在园区内选取 3～5 条道路廊道及河流水系廊道，完善住宿设施、服务中心、营地建设及旅游厕所等，打造具有国家代表性的游憩廊道。住宿设施主要地点选择为行政村镇，包括特色小镇、民俗村寨，或者选取空旷开阔地点，建设营地。特色小镇人口较为密集，基础设施完善，可以在该区域建设标准化酒店、星级酒店等，床位数可以按照市场需求判定；民俗村寨应建设小体量、特色化、有情怀的民宿，以独特的吸引力招徕生态旅游者；露营基地建设则是为探险旅游等特种生态旅游者打造的。可选择在热带雨林国家公园南北大门各建设一个较大规模的旅游咨询服务中心，提供更为全面的旅游咨询服务，其他区域可建设若干个小规模的旅游服务网点或志愿者服务店。在旅游景区、旅游线路沿线、交通集散点、旅游餐馆、旅游娱乐场所、休闲步行区等场所布局和建设一批星级旅游厕所。支持社会资金投资和经营旅游厕所。建设若干条生态绿道，满足旅游者的生态体验需求。围绕特色小镇，采用闭环的形式，修建若干条生态绿道。

12.6.7 加强组织领导，推进机构整合创新

当前，海南岛中南部存在碎片化管理，同一生态系统内多种保护地类型重复建设、多头管理的现象，因此，需要打破部门和地域的限制。

1. 推进机构整合，成立热带雨林国家公园管理局，下设旅游服务处

从一个生态系统的视角来整合各类保护地管理机构，包括国家级自然保护区管理局和森林公园管理局，成立一个统一、高效的管理机构。该机构是对国家公园范围内的所有自然资源进行统一规划、统一管理的机构，隶属于海南省省政府。该机构由国家公园管理局进行业务指导、行业监管并给予专项资金补助。旅游服

务处作为海南热带雨林国家公园管理局的业务处室，对应的编制属于公益性岗位，主要职责是统一行使园区内生态旅游资源的规划、开发、管理等职能。

2. 划清地方政府与国家公园管理机构的权责关系

海南热带雨林国家公园管理局与相应层级地方政府应形成明确的权责分工。海南热带雨林国家公园管理局享有自然资源管理权、规划权、人事权、资金权、经营监管权和执法权，而地方政府主要负责市场监管、公共服务、社会稳定等。其中，国家公园外围区享有各自独立的规划权、人事权、资金权和执法权，但必须符合与园区所签订协议的要求和原则。生态旅游的开发过程，应由海南热带雨林国家公园管理局主导，地方政府提供相应公共服务及市场监管。

12.6.8 以制度创新为本，形成统一、高效的资源管理体制

1. 以地役权为突破点，创新土地权属制度

在集体土地比重较高的国家公园范围内发展生态旅游，妥善处理土地权属关系，是开展生态旅游活动的保障，也是处理社区利益和国家公园体制建设矛盾的基础。目前，对集体所有土地资源进行流转主要有两种方式：一种是通过征收土地获得集体土地的所有权；另一种是通过租赁土地获得集体土地的经营权。但这两种方式均难以根据某地块具体的保护和开发需求实现较低成本的、符合需要的统一管理。地役权制度是一种较好的制度创新。地役权是一种在不改变土地权属的情况下实现低成本的土地资源统一管理形式，可以通过与集体土地的所有者、承包者或者经营者签订地役权合同获得。生态旅游开发者不需要租赁大面积的土地进行开发，只需获得地役权，限制土地所有者或使用者的某些土地经营权或收益权，并给予利益受损者相应的补偿。

2. 制定旅游活动负面清单，加强空间管制

以生态保护红线、资源利用上限、环境质量底线为准绳，根据生态旅游活动的方式、强度和范围，结合旅游承载力评估成果，针对不同空间，制定旅游活动负面清单和旅游活动准入清单。核心保育区不设生态体验点，依托生态监测点开展以科研和环境教育为主要目的的生态体验；生态保育修复区在严格论证和科学设计的基础上，适度开展生态体验和环境教育活动，除配备必要的进入设施和安全设施外，不得修建人工设施；传统利用区依托社区、居民点和监测设施等提供必要的服务，严格限制商业经营性旅游活动，允许以特许经营方式适度经营，但要严格控制访客流量。依托公园外支撑服务区域，建设必要的生态体验和环境教育接待服务基地，通过特许经营的方式适度发展生态旅游。

12.6.9 以政府投入为主，加大资金、政策支持

公益性、国家主导性和保护原则是建立国家公园必须遵守的，也是建立国家公园财务资金制度的基础。《建立国家公园体制总体方案》明确提出，要建立以财政投入为主的多元化的资金保障机制，根据事权划分，由中央政府和省级政府分别出资保障。财政渠道是高层事权的体现，也是全民公益性的保障；而带动地方发展的目标，需要通过构建以国家公园产品品牌增值体系为主的市场渠道来实现。

1. 完善财政渠道，加大政府投入

财政渠道主要由中央财政、地方财政和其他补助组成。一是统筹中央部门投入，明确中央财政投入的标准、渠道、补偿金的分配和使用范围，加大中央财政转移支付力度。建议在财政转移支付中增加对国家公园的投资，建立生态建设重点地区经济发展、农民生活水平提高和区域社会经济可持续发展的长效投入机制。二是调整优化地方政府财政支出结构，加大省财政转移支付中生态补偿的力度；积极探索区域间生态补偿方式，支持欠发达地区加快发展。完善省财政转移支付机制，将省级政府投资作为财政转移支付的分配计算因素，并以贴息、补助、生态补偿等方式向国家公园项目倾斜。

2. 构建市场渠道和社会渠道，建立国家公园产品品牌增值体系

市场渠道包括门票收入、自然资源有偿使用费和其他经营收入。其他经营收入包括发行生态彩票募资、实施生态服务交易获取资金，如碳汇交易、生态服务价值交易等。社会渠道包括机构或个人捐赠，以及直接投入人力、物力用于国家公园。

国家公园品牌可促进和引领国内消费品与国际标准对标，引导企业从原材料采购到生产销售的全流程质量管理、产品认证和第三方质量检验检测，建立并严格实施缺陷产品追溯召回制度，增强大众对国产消费品的品质信任度和品牌认可度。打造国家公园品牌系列产品有利于培育地方第一产业、第二产业、第三产业，形成产业链，创造地域品牌效应，实现资源—产品—商品的升级，使产品增值，可成为现阶段农民增收和区域绿色发展的重要形式。国家公园品牌产品增值体系主要包括：产品和产业发展指导体系、产品质量标准体系、产品认证体系、品牌管理推广体系、品牌增值检测和保护情况评估体系。具体而言，包括以下工作：一是制定《国家公园产品品牌管理办法》；二是采取措施扶持和培育品牌主体，鼓励形成“品牌授权，龙头企业带动”的国家公园品牌发展模式，实现国家公园品牌的快速市场化；三是建立国家公园品牌管理平台，借助“互联网+”建设配套信息服务体系。

3. 实施特许经营政策

为推动自然资源资产管理权与经营权的分离、保证全民公益性，国家公园管理局不参与任何商业服务项目的经营。根据《生态文明体制改革总体方案》，由管理局负责全民所有的水流、森林、山岭等各类自然资源的出让，针对指定项目实施特许经营模式。

1）有限特许，明确特许项目类。特许经营范围应主要集中在餐饮、住宿、生态旅游、交通方式、商品销售 5 个商业业态的 19 种特许项目，对于符合国家公园建设目标的经营活动，通过租赁、活动授权、一般许可等特许方式实现严格的合同管理，对特许项目数量实施严格管控，禁止出现资源“整体转让、垄断经营”“上市”等与国家公园性质相违背的经营性质。

2）依法特许，出台特许经营政策。根据《海南热带雨林国家公园特许经营管理办法》，结合热带雨林国家公园体制试点区管理目标，依法制定出台《热带雨林国家公园体制试点区特许经营操作规程》等规章制度，明确特许经营的范围、数量、质量要求和操作规范。

3）公平特许，成立特许管理机构。由管理委员会（以下简称管委会）代表与相关领域专家组成评标委员会，其中相关专家不少于评标委员成员总数的 1/3。

4）有序特许，严格特许经营程序。根据《中华人民共和国招标投标法》《中华人民共和国招标投标法实施条例》《海南热带雨林国家公园特许经营管理办法》《国家公园特许经营收入管理与使用办法》等，由管委会依法制定《热带雨林国家公园体制试点区特许经营项目计划》，提出招标项目，明确项目资金来源。试点区内的特许经营项目均应采取公开招标方式，实施严格的程序管理，由管委会报请上级主管部门批准与委托，提前一个月在报纸、试点区及上级主管部门官方网站等媒介发布招标公告，招标公告应载明特许经营招标项目的性质、数量、实施地点和时间等事项和评标标准，评标标准需明确保护措施、服务价格、服务质量、业绩背景、特许费等方面的要求。由管委会对潜在投标人进行资格审查，由评标委员会根据招标文件规定的评标标准和方法，科学选择出指定项目的最佳受让人，及时在网站上公示中标情况，并提交上级主管部门备案，明确特许经营的社区扶持导向，在不影响特许经营项目质量的情况下，限制和控制外来资本。

5）透明特许，健全特许监管机制。管委会依据相关制度规定，定期对经营项目的经营规模、经营性质、经营质量、价格水平、环保、卫生、安全等方面进行严格检查，及时取缔对环境资源有破坏、私自扩大经营规模及与公园核心发展理念无关的经营服务。对私自进行经营范围扩大，但又符合国家公园总体规划和特许经营项目计划需要的经营项目，经营扩大部分按协议特许经营费标准加倍收取。

4. 实施生态保护补偿政策

建立健全海南中部热带雨林国家公园生态保护补偿机制，加大重点生态功能区转移支付力度，健全国家公园生态保护补偿政策。鼓励受益地区与国家公园所在地区通过资金补偿等方式建立横向补偿关系。加强生态保护补偿效益评估，完善生态保护成效与资金分配挂钩的激励约束机制，加强对生态保护补偿资金使用的监督管理。鼓励设立生态管护公益岗位，吸收当地居民参与国家公园保护管理和自然环境教育等。

5. 保持黎苗民族文化的原真性，谨慎实施生态移民政策

特殊的地理环境和社会背景造就了独具特色的黎苗民族文化，黎苗民族文化的神秘性和特殊性是促使游客产生旅游动机的重要吸引物，是琼中生态旅游产生与发展的基础性条件，可以说黎苗民族文化是琼中发展生态旅游的灵魂。但是旅游业的过度发展给黎苗民族文化的传承带来了很多负面的影响，许多具有原生“文化”特性的事物逐渐消失，黎苗民族文化的原真性保持面临着严峻的考验。

保持黎苗民族文化的原真性，谨慎实施生态移民，是生态旅游发展的重要经验所在。建议全面统筹，根据热带雨林国家公园功能分区实施差异化的生态移民政策，对于核心区和缓冲区要全部移出，试验区居民集中居住或部分迁移，最终形成国家公园内居民 1/3 移至县城，1/3 移至相应村镇，1/3 留在国家公园，并做好生态移民补偿机制，做到公平、公正、公开。既要防止将黎苗民族文化完全隔离于生态旅游之外，也要防止黎苗民族文化受到外来文化侵蚀，形成“文化孤岛”。只有坚持保护与开发并重的原则，实行保护性开发，才能促进琼中生态旅游的长久健康发展。

12.6.10　提高生态旅游立法供给，加强刚性约束

1. 发挥海南立法权优势，制定一批生态旅游的法律法规

生态旅游的发展也离不开法律法规的调整和约束。法律是维护社会秩序的基石，是国家管理旅游产业极为有效的手段，可以通过制定完善的法律来管理和规制，特别是规制旅游产业发展过程中的环境损害问题。这方面的规制，一方面要制定合适的指导思想和原则，另一方面要制定切实可行的具体实施措施，确保法律能发挥实效。

海南作为经济特区，拥有独立的立法权，因此应充分利用立法权优势，制定一批具有针对性、实用性和操作性的法律法规，如《热带雨林国家公园管理办法》《海南省生态旅游管理条例》《生态旅游管理条例实施细则》《生态旅游资源项目开

发条例》等，从而在生态旅游开发过程中规范生态旅游利益相关者的行为，促进生态旅游的可持续发展。

2. 严格生态旅游行业准入制度，强化刚性约束

各旅游主体进入市场前，需要通过能力评价和审批程序。对规划者而言，需建立生态旅游规划的环境影响评价制度。针对开发商，应建立生态旅游项目开发审批制度。为避免盲目开发生态旅游导致不可挽回的生态灾害，必须在旅游资源开发前进行风险控制，建立生态旅游项目开发的审批制度。针对经营商，应建立生态旅游认证制度。由认证机构认定其相应资格，明确其提供的产品和服务的行业标准，激励经营商稳定地提供高质量的产品，并对经营产品不断加以完善。

12.7 振兴乡村文化

“大三亚”集聚阴影的大部分地区属于农村地区，居住人口以黎族人、苗族人为主。位置远离中心城市，缺少中心城市的辐射带动，村域发展的外生动力不足；村民安于现状，少有自发致富的念头，存在一定的“等、靠、要”思想；旅游资源单薄，旅游配套设施严重缺乏，旅游吸引力不够；虽然大部分是黎族人居住的地区，但是黎族特色不鲜明，居民的服饰、住房、用品等均与汉族无多大差异。

在海南热带雨林国家公园建设背景下，“大三亚”集聚阴影区应以文化振兴为纲，统领乡村产业发展、环境改善、管治创新、乡村致富。从改变输血式的发展模式入手，探索乡村振兴的内、外动力机制，从产业、环境、乡风、治理、生活等方面，设计乡村发展的造血模式，力求生成可持续发展的机制。文化振兴主要从文化挖掘、文化活化、文化融合 3 个方面进行，重点挖掘、活化农耕文化、黎族文化、生态文化和红色文化等资源，并使之相互融合。在文化振兴的基础上，推进产业、生态、管理的变革，达到富裕的目标。产业方面突出第一产业、第二产业、第三产业的融合，形成由政府推动、企业与非营利组织等拉动、以村民为重点的多主体参与模式，特别协调好乡村旅游与文化振兴的关系，增强旅游引力，扩充文化张力，实现文化和旅游同频共振、共同振兴。

12.7.1 乡村文化振兴

1）挖掘民族文化。民族村寨在乡风塑造中应保留自身的民族特色，注意少数民族特有的服饰、语言等的坚守与应用，将最能代表民族特色的语言、文字、服饰、风俗等进行深入挖掘。鼓励本民族村民聚居在一起，并加强村民之间的联系，

形成稳定、和睦的少数民族社区。根据村庄的条件从多种农耕方式中选择锄耕、牛耕甚至“蹄耕”来展现少数民族农耕文化，并结合煮食、酿酒等来丰富农耕文化。

2）活化民族文化。将少数民族对外人的习俗礼仪与旅游服务的相关要求进行整合，使之既符合少数民族的传统习俗，又能够满足游客的需求。好客之道主要是利用和睦互助的乡风，来体现村民对游客的喜欢与热情。这样既可以坚持传统乡村文化的合理内容，又可以达到提高旅游服务质量的要求。

3）融合民族文化。加强民主法治意识，重视科技文化知识学习，注重专业和就业技能的培养，提高村民科学文化素质。让先进文化融入文明公约、村规民约、家规家训，达成以社会公德来制约个人私欲，以文明乡风来促进村民和谐的目标。

12.7.2 产业发展振兴

选定乡村旅游和休闲农业作为主导产业。其培育过程分为 3 个阶段，即旅游进村、旅游进户、旅游到人。第一阶段：旅游进村。通过托管经营，锻炼村民的旅游服务意识与服务技能。此阶段的主要旅游活动是黎家乐、风俗体验、村寨观光、耕作体验等活动。第二阶段：旅游进户。让游客体验黎家生活、黎家习俗，并与黎族人家进行亲密接触与交流，实现主客共享黎族家园。按旅游“后备箱”工程的要求，将黎族生态农产品、风味小吃产品、黎族工艺产品等作为旅游购物品向游客销售，带动农副产品的生产与销售，并激发黎族同胞学习民族技艺的热情，弘扬黎族文化。第三阶段：旅游到人。通过农业生产的规模化与公司化运营，使农业生产过程可展示、可控制，可以更好地和旅游活动结合，甚至实现旅游活动与生产活动的统一，较大程度地改变村民的生产生活方式，变村民为旅游从业人员。

12.7.3 生态改善

1）整治自然环境。对耕地、居住用地之外的土地进行系统整理，让耕地系统、村庄系统与自然环境高度协调。要重视绿化、美化村寨周边环境，适当补种风水林、行道树，使村寨掩映于绿树浓荫之中，突显山区乡村的氛围。

2）打造田园风光。要做好整田、护林、理水的工作。统筹实施山水林田整治，实施农地规模化、景区化改造；保护林地生态，实施景观化改造提升；依托水系，对河道进行适当整治，彰显水文化，提升水景观水平。

3）建设精品村寨。重点加强家风、家规建设，实行家风成文、家规上墙，将家风与家规形成可视化的文化形态，并进行文明户、示范户、五好家庭等的评选与挂牌，使少数民族村寨具有新时代文化气息。在村道节点、公共地点增加“和睦、互助”的宣传牌，同时增加显现少数民族文化的装饰。加强村庄外部风貌塑造和内部功能提升，依托村内良好的生态环境和优美的山水田园景观，植入休闲、观光、会议、度假、双创等现代功能业态，探索开展旅游型现代特色少数民族村寨试点示范创建工作，打造“海南味”的示范性精品村寨。

4）改造人文环境。主要是少数民族村寨形象塑造、村庄风貌整治、村庄道路完善、村庄舞台活化等。对村庄外貌进行统一的少数民族建筑格调改造，适当加入图腾等元素。通过传统习俗礼仪在乡村舞台的演绎，使舞台成为少数民族文化的集中体现。

12.7.4　管治创新

1）引进第三方机构。主要针对主导产业——乡村旅游的开发，引进第三方专业公司对全村的旅游进行开发与管理。第三方公司的职责主要是开拓乡村旅游市场，进行规范的公司制管理，对乡村旅游从业人员进行专业技能的培训，对乡村旅游设施进行必要的改进，对全村个体旅游经营户进行业务指导。

2）发挥乡村振兴工作队伍的作用。要继续发挥对口乡村振兴单位的作用，使其作为乡村治理的理事单位参与乡村治理，在村重大事务中发挥建议与监督作用，在民族村寨建设、民族文化建设中发挥指导作用。

3）完善专业合作社职能。专业合作社要进一步实行公司制改造，提高效益。通过制度创新提高社员的专业技能，调动社员的生产积极性。通过科学的分配制度的设计激发社员与合作社双方的积极性，形成互相促进、互惠互利的良性运作机制，保障合作社不断发展壮大，保证社员收入不断提高。

4）制定规则，协调管理主体。协调处理好村民自治、村委管理与第三方公司三者之间的关系是乡村管治创新的关键。三者的结合需要弱化村民的自主权，强化村委的行政服务和一般性事务的管理权限，突出第三方公司的专业管理权限。公司制运作必须有公司的规章制度作为保障，同时村民还有约定俗成的村规民约，二者均是村民需共同遵守的规则与制度。协调好村规民约与公司制度的关系，使之能更好地促进公司的发展，促进乡风的改善。

5）引导村民自治。建立民事民议、民事民办、民事民管的多层次协商机制，开展村民说事、民情恳谈、百姓议事、妇女议事等各类协商活动，推进村民参与程度。建立群防群治委员会，发挥它在公共事务和公益事业办理、民间纠纷调解、治安维护协助、社情民意通达等方面的作用。创建“村民微信群”“乡村公众号”等，让村民及时了解乡邻动态，畅通村中事务的信息传达。引导党员投身乡村振兴，以党建引领党员联系农户、党员户挂牌、承诺践诺、设岗定责、志愿服务等活动，充分发挥党员的先锋模范作用。

12.7.5 村民致富

夯实种植业与养殖业的基础，以现代科技改造现代农业，通过家庭农场、生产合作社等现代生产组织提高农业生产效率。以乡村旅游收入作为村民收入的补充，通过乡村旅游打开农副产品的销路与市场，节约市场流通费用，提高利润水平。同时拓宽产业链，丰富产品种类，种植业产品可以适量转向生活食品，让乡村游客可以带回家，而且种类尽可能丰富，让游客有多种选择。实行带头人制度与兜底制度。在村民中选择有乡村创业经验、有管理技能、有生产技术的村民作为带头人，政府给予一定的扶持政策，包括资金的扶持、生产顾问的配备、生产技术服务等，让他们通过自己的劳动在各个领域取得成功，重点在农家乐、乡村民宿、热作种植、种桑养蚕等领域成为先行富裕的代表。兜底制度能确保有特殊人群家庭在乡村振兴活动中有收入来源，具体包括五保户家庭长期保障制度、重病家庭救助制度、残疾家庭扶助制度。在以乡村集体资产获取的收入中优先对上述群体进行分配。

第 13 章 “海澄文”城市空间创新发展的障碍与对策

13.1 “海澄文”城市空间创新发展的障碍

一体化是一个理念更新和制度变革的过程，涉及不同利益诉求集团的博弈。从集团理论视角来看，不同利益集团在实现利益相容的转变过程中，存在行政区划制度障碍、区域管理机制障碍、共同利益障碍，克服这些障碍必须建立一套有效的、完善的协调机制。

13.1.1 地区治理分割严重，行政体制障碍问题突出

“海澄文”三市县之间交通发展存在明显的不平衡，海口、澄迈较文昌优势突出，运输能力与通达程度远高于文昌。而受制于行政体制障碍，三市县在基础设施规划、建设及运营过程中还存在突出的地方分治现象，影响设施布局的科学性和运营效率。港口一体化发展程度还不高，海口港、秀英港的税费、补贴、口岸通关等各项优惠政策至今未延伸至澄迈和文昌所有港口，秀英港和马村港的分治有可能造成两港资源整合与合作上的障碍。跨界的网状线工程在项目规划、选址、建设进度、管理机制、技术标准等方面常有分歧，往往造成投资浪费与效率低下。仍未形成便捷的、具有真正意义的跨区域公共交通网络，导致跨区域公共交通效率低下。

13.1.2 要素流动的行政壁垒依然存在

目前，“海澄文”存在着一些影响资本、商品、人员等要素自由有序流动的行政性分割。例如，海口、澄迈、文昌处于不同的金融监管区域，加大了三市县金融机构跨区域开展业务的难度；三市县之间就业和社会保障体系的不统一在一定程度上影响了劳动力跨区流动等。

13.1.3 城乡二元体制障碍

城乡二元结构体制决定了城乡市场化程度的不同，即农村的计划经济因素较多，市场化程度较低，突出表现在农村生产要素市场发育严重滞后，以及与其相联系，农村生产要素以不等价交换的途径大规模流入城市。这导致农村与城市的差距愈来愈大。

13.1.4 现行等级化的城市行政管理体制障碍

现行的等级化的城市行政管理体制，导致土地、资金、政策、项目等资源的配置向海口集中，“海澄文”区域内的行政层级较低的城市（如澄迈、文昌）的发展受到很大的限制，这就要求在城市的行政管理体制上要寻求突破。

13.2 “海澄文”城市空间创新发展的对策

13.2.1 创新市制

为了促进“海澄文”城市化稳定、协调、可持续发展，可以借鉴西方国家城镇型区划设置的经验和教训，遵循城乡分治的原则，积极创新市制。将石山镇、永兴镇、龙桥镇、龙泉镇、龙塘镇、云龙镇、演丰镇和三江镇等整合，撤镇划区，这样海口能集中精力于城市管理和致力于分权式的政治发展，充分发挥城市型政府的作用。同时，均衡“海澄文”市县资源配置，淡化以“级别定权力”，转向“按需定权”并分配资源，通过转移支付、税收优惠、项目支持等方式向澄迈、文昌倾斜，避免资源配置等级化。

13.2.2 改革公共服务体制

1. 加快基本公共服务和社会保障一体化改革

按照共享发展、全面推进社会建设的要求，加快三市县基本公共服务均等化改革，构建公平公正、共建共享的包容性发展新体系，使发展成果更多、更好地惠及全体公民。就业领域方面，建立三市县统一的公共就业服务平台和劳务协作会商机制，加强人力资源市场建设，扩大就业规模，积极推动创业带动就业；强化城乡劳动者的就业培训与岗位培训体系建设。教育领域方面，通过全面深化综合改革，着力推进教育公平，包括：努力提升义务教育发展水平，推动普通高中特色化发展，着力构建完备的职业教育体系，建成覆盖三市县城乡的基本公共教育服务体系，实现基本公共教育服务均等化。建成覆盖城乡的公共卫生服务体系、医疗服务体系、药品供应保障体系；构建“一小时三级医院服务圈”。社会保障领域方面，加快推进三市县及城乡居民基本养老保险制度一体化，加快社会保障一卡通建设。

2. 加快公共服务一体化改革

建立区域内统一的公共就业服务平台和劳务协作会商机制，加强三市县人力资源市场建设，推动海口、澄迈、文昌依托大中型企业、职业院校及各类培训实训基地开展农民工职业技术培训、新型职业农民培训和农村实用人才培养。落实养老保险跨区域转移政策，加快社会保障一卡通建设，进一步完善医疗保险转移接续和异地就医服务政策措施。推动异地养老和康复疗养，建立并完善分级诊疗模式。统筹三市县考试招生制度改革和职业教育发展。

13.2.3 改革土地制度

1. 征地制度改革

对于建设基础设施需要的公益性征地，探索降低政府在基础设施中的投资比例，或增加私人资本、社会资本、外资在基础设施中的投资比例。对于征收公益性用地，征地补偿标准按综合年产值确定，并根据实际征地面积划出一定比例的留用地指标给集体经济组织作为补偿，这部分留用地既可是集体的，也可以是国有的建设用地。对于征收的非公益性的用地，就应该按市场价格给予补偿。

2. 土地在“海澄文”跨区域流动

引入市场机制，通过实施折抵（复垦）指标有偿调剂、基本农田异地代保、异地补充耕地等办法，实现土地在“海澄文”跨区域流动。折抵指标是指经过土地整理新增有效耕地按72%的比例折抵建设用地的指标，复垦指标是指按城镇发展规划集中迁建的农村居民点和工业企业的原来用地经复垦变为耕地后可置换等量的建设用地指标。基本农田异地代保是指因城市总体规划调整或者国家和省重点建设项目建设经依法批准后占用基本农田，有关市、县在本行政区域内无法补充划入数量和质量相当的基本农田的，经省人民政府批准，可以在本土地利用总体规划期内，委托本省其他行政区域在当地划定相应数量和质量的基本农田代为保护，并向受委托方支付基本农田建设保护的补偿费用。异地补充耕地是指耕地后备资源稀少的地区占用的耕地，可由耕地后备资源丰富的地区代为补充，也就是说占和补不在同一个行政单元内。

3. 异地共建开发区与产业转移

国家不允许土地指标跨地区使用，海口与澄迈，或海口与文昌共建开发区可突破这一制度难题，既使资源共享，又不违背国家政策与法律。

4. “两分两换”

为了促进城乡统筹发展，可实施“两分两换”政策，即将农民的宅基地和承包地分开、房屋搬迁与土地流转分开，在依法自愿基础上用宅基地置换城镇或社区住房、用承包地置换社会保障。建立用宅基地置换城镇或社区住房新增加城镇建设用地所获收益与农民合理分享机制。在用承包地置换社会保障的基础上，允许农民进城成为市民后仍可保留土地承包经营权。

13.2.4 构建区域协调机制

1. 建立行政协调机制

1）创新行政管理体制。由一位省委常委担任“海澄文”三地的党委书记，三地可形成一盘棋，统一协调发展，外部博弈转化为内部协商。

2）借鉴京津冀协同规划的做法，采取由省政府牵头，以“海澄文”三市县为主体、省直有关部门参加的“省+三市县”的“1+3”模式，建立“海澄文”一体化发展领导小组，研究、协调和决策空间规划、产业布局、重大项目、政策制定、体制机制创新等重点事项。

3）建立“海澄文”三市县职能部门的对口协调机制。通过建立联席会议制度，加强职能部门对口衔接。对发改、环保、国土、规划、交通、港务、旅游、林业等职能，打破行政区域分割，推进区域一体化管理，加强市场监管与执法合作，加快区域市场一体化进程。

2. 建立利益分成机制

建立利益分成机制是“海澄文”一体化优势互补、资源共享、互利共赢的重要基础。对跨行政区域的税源和项目，按照“利益共享、权责对等、友好协商、互利共赢”原则，对产生的财税分配比例，综合考虑资本、资源、技术等投入，参照《海南省人民政府关于在省级园区实行飞地经济政策的实施意见（试行）》（琼府〔2015〕102 号）对“飞地”经济中的财税利益分成机制，建立科学合理的跨市县投资、产业转移对接、园区共建、科技成果落地等项目分配体制。同时，对跨行政区域的产值、财税、投资、消费、能源等主要经济指标的统计，也可参照上述办法加以认定。

3. 构建协同发展机制

1）建立基础设施互联互通机制。按照“谁受益、谁投资”原则，统筹规划建设区域路网及水电气管网等基础设施，建立“海澄文”三市县公路、铁路、航空枢纽及港口协作机制。推进区域综合交通运输信息互联互通与共享开放，加强交通运输法规政策和技术标准对接，形成统一开放的区域运输市场。

2）建立生态环境保护联动机制。以大气污染联防联治、流域治理、海陆水资源保护及扩大生态空间为重点，统一“海澄文”三市县生态环境规划、标准、监测、执法体系，搭建区域性循环经济技术、市场、产品服务平台。建立生态保护红线区域补偿、水环境补偿、森林生态奖补、湿地生态效益补偿机制，加快在海口与澄迈、文昌之间建立横向生态补偿机制。

3）建立产业发展协同机制。统一“海澄文”三市县的招商条件和产业政策，协商制定三市县产业园区准入条件、准入门槛和负面清单，促进产业协调发展；统筹税收、人才引进、用地、用工、水电气等优惠政策，避免相互间的不必要竞争。要根据各自的产业发展条件，实行差异化的招商，以及客商资源与信息共享；要按照产业链的各个环节（如研发、零部件加工制造、总装、销售及售后服务）实行差异化布局；同时需要大力提倡通过飞地产业、项目互换、财富分成、合理分计税收及产值、分摊能源消费量指标等方式，合作兴办产业园区。

4）建立科技创新协同机制。研究制定重点技术成果目录，加快推动转移转化。建设统一的科技资源开放共享平台，支持“海澄文”联合出台一批政策措施，推动科技创新政策一体化。

13.2.5　推进“海澄文”人才一体化

1）要按照“破障碍、搭平台、建机制、促保障”的工作思路，以打造“区域人才共同体”为目标，推动形成“党委领导、市场配置、公共服务、法治保障”的区域人才工作格局，为“海澄文”协同发展提供人才保障和智力支持。

2）“海澄文”三市县可签署人才合作协议、联合举办区域人才交流会等，这有助于人才跨地区流动，实现区域内人才政策互利互惠、人才流动互通互融、人才评价互认互准、人才创新创业互助互促的工作局面。

参考文献

安虎森，1997．增长极理论评述[J]．南开经济研究（1）：31-37．

把多勋，张欢欢，2007．基于协同理论的区域旅游产业发展：以西北地区为例[J]．开发研究（2）：92-95．

保继刚，1994．喀斯特石林旅游开发空间竞争研究[J]．经济地理，14（3）：93-96．

保继刚，梁飞勇，1991．滨海沙滩旅游资源开发的空间竞争分析：以茂名市沙滩开发为例[J]．经济地理（2）：89-93．

保继刚，彭华，1994．名山旅游地的空间竞争研究：以皖南三大名山为例[J]．人文地理，9（2）：4-9．

卞显红，2009．城市旅游核心-边缘空间结构形成机制：基于协同发展视角[J]．地域研究与开发，28（4）：67-71．

卞显红，2010．长江三角洲城市旅游核心：边缘空间结构及其形成机制分析[J]．商业研究（3）：62-66．

卞显红，2012．城市旅游核心-边缘空间结构协同发展形成机制研究：基于上海城市轨道交通建设视角[J]．商业经济与管理（10）：88-96．

柴彦威，林涛，刘志林，等，2003．旅游中心地研究及其规划应用[J]．地理科学，23（5）：547-553．

晁钢令，王涛，2013．自由贸易试验区与“平台经济”城市[J]．外国经济与管理，35（12）：60-69．

陈钢华，保继刚，2014．专业化旅游城市的发展历程与动力机制：以三亚市为例[J]．旅游论坛，7（1）：1-10．

陈开勤，2012．浅谈旅游“阴影区”的城市旅游形象定位：以句容市为例[J]．江苏商业（32）：156-157．

陈小君，林晓言，2011．海岛旅游交通模式分析：以海南岛为例[J]．经济地理，31（3）：500-503．

陈彦光，刘继生，2002．基于引力模型的城市空间互相关和功率谱分析：引力模型的理论证明、函数推广及应用实例[J]．地理研究，21（6）：742-752．

陈玉，孙斌栋，2017．京津冀存在“集聚阴影”吗：大城市的区域经济影响[J]．地理研究，36（10）：1936-1946．

戴斌，黄璜，2016．区域旅游一体化的理论建构与战略设计：以京津冀为例[J]．人文地理，31（3）：128-135．

樊杰，2016．资源环境承载能力评价与可持续发展研究[M]．北京：科学出版社．

樊杰，2019．资源环境承载能力预警技术方法[M]．北京：科学出版社．

樊杰，孔维锋，刘汉初，等，2017b．对第二个百年目标导向下的区域发展机遇与挑战的科学认知[J]．经济地理，37（1）：1-7．

樊杰，王亚飞，汤青，等，2015．全国资源环境承载能力监测预警（2014 版）学术思路与总体技术流程[J]．地理科学（1）：1-10．

樊杰，周侃，王亚飞，2017a．全国资源环境承载能力预警（2016 版）的基点和技术方法进展[J]．地理科学进展，36（3）：265-276．

范进，赵定涛，2012．土地城镇化与人口城镇化协调性测定及其影响因素[J]．经济学家（5）：61-67．

方创琳，毛其智，倪鹏飞，2015．中国城市群科学选择与分级发展的争鸣及探索[J]．地理学报（4）：515-527．

封志明，李鹏，2018．承载力概念的源起与发展：基于资源环境视角的讨论[J]．自然资源学报，33（9）：1475-1489．

韩术鑫，王利红，赵长盛，2017．内梅罗指数法在环境质量评价中的适用性与修正原则[J]．农业环境科学学报，36（10）：2153-2160．

侯华丽，孟旭光，安翠娟，等，2013．国土规划两大核心：空间经济学与资源环境承载力评价[J]．国土资源导刊，10（2）：48．

胡青云，张铁成，2009．旅游阴影区发展的博弈分析[J]．甘肃联合大学学报（自然科学版），23（1）：89-93．

胡晓鹏，2008．产业共生：理论界定及其内在机理[J]．中国工业经济（9）：118-128．

贾克敬，张辉，徐小黎，等，2017．面向空间开发利用的土地资源承载力评价技术[J]．地理科学进展，36（3）：335-341．

敬峰瑞，孙虎，袁超，2017．成都市旅游资源吸引力空间结构特征[J]．资源科学，39（2）：303-313.
雷勋平，邱广华，2016．基于熵权 TOPSIS 模型的区域资源环境承载力评价实证研究[J]．环境科学学报，36（1）：314-323.
雷勋平，吴杨，叶松，等，2012．基于熵权可拓决策模型的区域粮食安全预警[J]．农业工程学报，28（6）：233-239.
李灿，张凤荣，朱泰峰，等，2013．基于熵权 TOPSIS 模型的土地利用绩效评价及关联分析[J]．农业工程学报，29（5）：217.
李丽，童立强，李小慧，2010．基于植被覆盖度的石漠化遥感信息提取方法研究[J]．国土资源遥感，22（2）：59-62.
李鹏飞，2009．旅游产业集群：理论与现实的探讨[J]．经济地理，29（7）：1209-1213.
李湘州，1997．协同学的产生与现状[J]．基础科学（4）：38-40.
李勇，周永章，窦磊，等，2010a．基于多元统计和傅立叶和谱分析的土壤重金属的来源解析及其风险评价[J]．地学前缘，17（4）：253-261.
李勇，周永章，张澄博，等，2010b．基于局部 Moran's I 和 GIS 的珠江三角洲肝癌高发区蔬菜土壤中 Ni、Cr 的空间热点分析[J]．环境科学，31（6）：1617-1622.
李云玲，郭旭宁，郭东阳，等，2017．水资源承载能力评价方法研究及应用[J]．地理科学进展，36（3）：342-349.
梁琦，2005．空间经济学：过去、现在与未来：兼评《空间经济学：城市、区域与国际贸易》[J]．经济学（季刊）（3）：1067-1086.
梁琦，黄利春，2014．要素集聚的产业地理效应[J]．广东社会科学（4）：5-13.
梁琦，刘厚俊，2002．空间经济学的渊源与发展[J]．江苏社会科学（6）：61-66.
梁琦，钱学锋，2007．外部性与集聚：一个文献综述[J]．世界经济（2）：84-96.
刘家明，蒋亚琴，2019．平台经济视角下的海南自贸区建设：定位与策略[J]．经济研究参考（13）：109-116.
刘凌波，彭正洪，吴昊，2019．基于 H/T 断裂点法的 POI 自然城市规模等级测度[J]．国际城市规划，34（3）：56-64.
刘年磊，卢亚灵，蒋洪强，等，2017．基于环境质量标准的环境承载力评价方法及其应用[J]．地理科学进展，36（3）：296-305.
龙茂乾，孟晓晨，2014．基于京津冀城镇群交通成本的北京极化—扩散效应分析[J]．地域研究与开发，33（4）：76-81.
陆大道，王铮，封志明，等，2016．关于“胡焕庸线能否突破”的学术争鸣[M]．地理研究，35（5）：805-824.
陆然，2013．基于阴影区理论的南阳旅游业发展现状及对策研究[J]．旅游纵览（下半月）（10）：1-2.
罗家德，2005．社会网分析讲义[M]．北京：社会科学文献出版社.
罗俊，马燕坤，2015．基于城镇化视角的环京津贫困带减贫研究[J]．经济师（2）：65-66.
吕贵，王国平，郭庆松，等，2010．上海郊区发展研究：江苏昆山、江阴等地发展的启示与借鉴[J]．上海行政学院学报，11（1）：4-16.
马国强，汪慧玲，2018．共生理论视角下兰西城市群旅游产业的协同发展[J]．城市问题（4）：65-71.
马庆斌，韩恒，2004．城市发展影响因素研究综述[J]．城市问题（2）：15-22.
孟广文，杨开忠，朱福林，等，2018．中国海南：从经济特区到综合复合型自由贸易港的嬗变[J]．地理研究，37（12）：2363-2382.
孟庆民，杨开忠，2001．一体化条件下的空间经济集聚[J]．人文地理，16（6）：7-11.
孟延春，乔小勇，关欣，等，2013．鲁苏豫皖交界区域城市中心性的社会网络研究[J]．城市发展研究，20（2）：87-93.

苗长虹，崔立华，2003．产业集聚：地理学与经济学主流观点的对比[J]．人文地理，18（3）：42-46．

聂献忠，张捷，章锦河，等，2006．一体化旅游区（ITR）空间发展战略研究：以长江三角洲旅游区为例[J]．地理科学，26（6）：755-763．

潘竟虎，姚缘平迎，2017．京津冀都市圈大都市阴影区的GIS界定[J]．西部人居环境学刊，32（6）：100-106．

秦伟山，张义丰，2013．国内外海岛经济研究进展[J]．地理科学进展，32（9）：1401-1412．

饶品样，郑向敏，2007．中国资源驱动型岛屿旅游经济发展分析[J]．资源开发与市场，23（3）：275-277．

施一峰，王兴平，陈骁，等，2019．大都市多重阴影区内地方性中心城市发展策略：以河北省定州市为例[J]．规划师，35（16）：5-10．

司徒尚纪，许桂灵，2019．从海岛地缘经济看海南全面深化改革开放的战略定位[J]．新东方（2）：1-7．

孙斌栋，陈玉，2017．雄安新区战略是破解“环京津贫困带”的抓手[J]．区域经济评论（5）：67-71．

孙斌栋，丁嵩，2016．大城市有利于小城市的经济增长吗？——来自长三角城市群的证据[J]．地理研究，35（9）：1615-1625．

孙东琪，张京祥，胡毅，等，2013．基于产业空间联系的“大都市阴影区”形成机制解析：长三角城市群与京津冀城市群的比较研究[J]．地理科学（9）：1043-1050．

孙东琪，张京祥，胡毅，等，2014．“大都市阴影区”嘉兴市的形成机制解析：兼与苏州市的发展差异研究[J]．人文地理（1）：66-71．

孙建欣，林永新，2013．从“发展阴影区” 到“发展前沿地带”：论行政区划分隔对阴影区内小城市发展的影响[J]．中国城市学刊（3）：50-53．

孙燕红，潘兆宇，胡星，等，2017．“大都市阴影区”中小城镇群发展对策研究：以益沅桃城镇群为例[J]．中外建筑（7）：97-101．

孙兆明，2012．海岛县域旅游产业融合发展的制约、路径与策略[J]．北京第二外国语学院学报，34（7）：18-23．

孙兆明，马波，2010．中国海岛县（区）产业结构演进研究[J]．地域研究与开发，29（3）：6-10．

藤田昌久，雅克-弗朗斯瓦·蒂斯，2016．集聚经济学：城市、产业区位与全球化[M]．石敏俊，等译．2版．上海：格致出版社．

童玉芬，2012．人口承载力研究的演进、问题与展望[J]．人口研究，36（5）：28-36．

汪鑅，2012．城乡统筹与区域统筹的相容性：来自武汉城市圈的实践[J]．城市发展研究，19（12）：60-65．

王飞，2016．小城镇与借用规模[J]．城市观察（6）：30-39．

王飞，2017．城市借用规模研究综述[J]．现代城市研究（2）：120-124．

王冠凤，2015．上海自贸区新型贸易业态发展及服务功能的拓展：基于平台经济视角[J]．现代经济探讨（2）：68-72．

王光辉，柯涌晖，任婵娟，2012．基于阴影区理论的泰宁旅游营销研究[J]．福建省社会主义学院学报（5）：76-79．

王清洛，孙欢，李超，等，2013．城市中心性研究进展综述[J]．改革与开放（10）：101-102．

王润，刘家明，2012．旅游产业集群研究综述[J]．地理科学进展，31（10）：1407-1412．

王文林，胡孟春，唐晓燕，2010．太湖流域农村生活污水产排污系数测算[J]．生态与农村环境学报，26（6）：616-621．

王衍用，1999．区域旅游开发战略研究的理论与实践[J]．经济地理（1）：116-119．

王永军，杨英法，2012．河北平原贫困县发展瓶颈的突破路径研究[J]．农业经济（11）：67-69．

魏旭红，孙斌栋，2013．城市区域形成的集聚机制：基于集聚尺度的理论诠释[J]．城市观察，26（4）：81-92．

吴泓，顾朝林，2004．基于共生理论的区域旅游竞合研究：以淮海经济区为例[J]．经济地理，24（1）：104-109．

徐程瑾，钟章奇，王铮，2015．基于GIS的京津冀核心旅游圈构建研究[J]．地域研究与开发，34（2）：103-107．

徐文海，邴綨纶，金畅，2019．海南与广东两地城市群地缘经济关系匹配研究[J]．南海学刊，5（2）：35-44．

徐勇，樊杰，2014．区域发展差距测度指标体系探讨[J]．地理科学进展，33（9）：1159-1166.
许春晓，1993．旅游资源非优区适度开发与实例研究[J]．经济地理，13（2）:81-84.
许春晓，2001．旅游地屏蔽现象研究[J]．北京第二外国语学院学报（1）：71-80.
许学强，周一星，宁越敏，2007．城市地理学[M]．北京：高等教育出版社．
亚洲开发银行技术援助项目 3970 咨询专家组，2005．第三只眼睛看河北：河北省经济发展战略研究报告[M]．北京：中国财政经济出版社．
杨保军，赵群毅，2012．城乡经济社会发展一体化规划的探索与思考：以海南实践为例[J]．城市规划，36（3）：38-44.
杨保军，赵群毅，查克，等，2011．海南发展的战略转型与空间应对：写在“国际旅游岛”建设之初[J]．城市规划学刊（2）：8-15.
杨振山，蔡建明，付承伟，2012．产业集群理论对我国城市规划建设的启示[J]．城市规划，36（12）：60-68.
杨振之，陈谨，2003．“形象遮蔽”与“形象叠加”的理论与实证研究[J]．旅游学刊，18（3）：62-68 .
尹贻梅，刘志高，刘卫东，2011．路径依赖理论研究进展评析[J]．外国经济与管理，33（8）：1-7.
尹贻梅，刘志高，刘卫东，2012．路径依赖理论及其地方经济发展隐喻[J]．地理研究，31（5）：782-791.
禹文豪，艾廷华，刘鹏程，等，2015．设施 POI 分布热点分析的网络核密度估计方法[J]．测绘学报，44（12）：1378-1400.
岳文泽，王田雨，2019．资源环境承载力评价与国土空间规划的逻辑问题[J]．中国土地科学，33（3）：1-8.
张尔升，林泽宇，李卓琳，2019．中国特色自由贸易港建设的区域经济一体化效应：以海南自由贸易港为例[J]．山东财经大学学报，31（1）：5-13.
张京祥，庄林德，2000．大都市阴影区演化机理及对策研究[J]．南京大学学报（自然科学版），36（6）：687-692.
张可，2018．经济集聚的减排效应：基于空间经济学视角的解释[J]．产业经济研究（3）：64-76.
张耀光，2011．中国海岛县产业结构新演进与发展模式[J]．海洋经济，1（5）：1-7.
张耀光，2013．中国岛屿经济体在国家经济中的作用和地位[J]．海洋经济，3（1）：43-48.
赵宏亮，2019．基于县域尺度河西走廊乡村旅游集聚度研究[J]．中国农业资源与区划，40（5）：215-220.
赵群毅，2009．全球化背景下的城市中心性：概念、测量与应用[J]．城市发展研究，16（4）：76-82.
赵伟，2018．听藤田昌久讲空间经济学[J]．金融博览（1）：18-19.
赵小芸，2010．旅游产业的特殊性与旅游产业链的基本形态研究[J]．上海经济研究（6）：42-47.
曾道智，高塚创，2018．空间经济学[M]．北京：北京大学出版社．
郑德高，2009．空间经济学视角下的城市空间结构变迁[J]．城市规划，33（4）：31-34.
钟士恩，张捷，韩国圣，等，2010．旅游流空间模式基本理论：问题分析及其展望[J]．人文地理，25（2）：31-36.
钟士恩，张捷，任黎秀，等，2009．旅游流空间模式的基本理论及问题辨析[J]．地理科学进展，28（5）：705-712.
周慧玲，2014．旅游共生的研究述评[J]．资源开发与市场，3（9）：1134-1137.
周凌，2017．特大城市边缘区空间演化机制与对策的实例剖析：以上海为例[J]．城市规划学刊（3）：85-94.
周鑫祺，唐祥云，2016．基于引力模型的武汉城市圈界定及产业结构优化[J]．测绘与空间地理信息，39（4）：73-77.
周一星，张莉，武悦，2001．城市中心性与我国城市中心性的等级体系[J]．地域研究与开发，20（4）：1-5.
朱查松，王德，罗震东，2014．中心性与控制力：长三角城市网络结构的组织特征及演化：企业联系视角[J]．城市规划学刊（4）：24-30.
朱道才，陆林，晋秀龙，等，2011．基于引力模型的安徽城市空间格局研究[J]．地理科学，31（5）：551-556.
朱付彪，陆林，2010．珠江三角洲都市圈旅游空间均衡发展[J]．自然资源学报，25（9）：1565-1576.

朱鹤，刘家明，陶慧，等，2015．基于网络信息的北京市旅游资源吸引力评价及空间分析[J]．自然资源学报，30（12）：2081-2094．

朱丽霞，2009．“借用规模”与非都市区企业的发展[J]．经济地理，29（3）：420-424．

ANSELIN L, 1995. Local indicators of spatial association-LISA[J]. Geographical analysis, 27(2): 93-115.

BERRY B, LAMB R F, 1974. The delineation of urban spheres of influence: evaluation of an interaction model[J]. Regional studies, 8(2): 185-190.

BURGER M J, MEIJERS E J, HOOGERBRUGGE M M, et al., 2015. Borrowed size, agglomeration shadows and cultural amenities in North-West Europe[J]. European planning studies, 23(6): 1090-1109.

CHRISTALLER W, 1933. die zentralen orte in Süddeutschland[M]. Jena: Gustav Fischer.

CLIFF A, ORD J K, 1981. Spatial processes: models and application[M]. London:pion.

DOU M, MA J X, LI G Q, et al., 2015. Measurement and assessment of water resources carrying capacity in Henan Province, China[J]. Water science and engineering, 8(2): 102-113.

FESER E J, 1998. Enterprises, external economies, and economic development[J]. Journal of planning literature, 12(3): 283-302.

FRIEDMAN J R, 1966. Regional development policy: a case study of Venezuela [M]. Cambridge: MIT Press.

FUJITA M, KRUGMAN P, VENABLES A J, 1999. The spatial economy: cities, regions and international trade[M]. Cambridge: MIT Press.

FUJITA M, MORI T, 1997. Structural stability and evolution of urban systems[J]. Regional science & urban economics, 27(4): 399-442.

GALLENT N, 2006. The rural-urban fringe: a new priority for planning policy?[J]. Planning practice and research, 21(3):383-393.

GINSBURG N, KOPPEL B, MCGEE T G, 1991. The extended metropolis: settlement transition in Asia[M]. Hawaii: University of Hawaii Press.

LINCOLN J R, GERLACH M L, TAKAHASHI P, 1992. Keiretsu networks in the Japanese economy: a dyad analysis of intercorporate ties[J]. American sociological review, 57(5):561-585.

MARSHALL A, 1890. Principles of Economics[M]. London: Macmilan.

MCGEE T G, 1991. The emergence of desakota regions in Asia: expanding a hypothesis[M]// GINSBURG N, KOPPEL B, MCGEE T G, 1991. The extended metropolis: settlement transition in Asia[M]. Hawaii: University of Hawaii Press.

MOOMAW R L, 1983. Spatial productivity variations in manufacturing: a critical survey of cross-sectional analyses[J]. International regional science review, 8(1):1-22.

NAN E, 2001. Thresholds of fear: embracing the urban shadow[J]. Urban studies, 38(5):869-883.

SCHABENBERGER O，GOTWAY C A, 2004. Statistical methods for spatial data analysis[M]. Boca Raton: Chapman&Hall/ CRC.

SHARMA A，CHANDRASEKHAR S, 2014. Growth of the urban shadow, spatial distribution of economic activities and commuting by workers in rural and urban India[J]. World development, 61:154-166.

附　　录

附录一　中共中央 国务院关于支持海南全面深化改革开放的指导意见

海南建省和兴办经济特区是党中央着眼于我国改革开放和社会主义现代化建设全局作出的重大战略决策。2018年是贯彻党的十九大精神的开局之年，是改革开放40周年，也是海南建省和兴办经济特区30周年。在新的历史条件下，为全面贯彻党的十九大精神和习近平总书记重要批示精神，更进一步凸显我国改革开放40年的重大意义，更进一步彰显党的十八大以来习近平总书记带领全国各族人民全面深化改革开放的重大意义，推动海南成为新时代全面深化改革开放的新标杆，形成更高层次改革开放新格局，探索实现更高质量、更有效率、更加公平、更可持续的发展，现提出以下意见。

一、重大意义

海南省因改革开放而生，也因改革开放而兴。1988年，党中央批准海南建省办经济特区。30年来，海南省切实履行党中央、国务院赋予的历史使命，大胆创新、奋勇拼搏，推动经济社会发展取得重大成就，把一个边陲海岛发展成为我国改革开放的重要窗口，实现了翻天覆地的变化，为全国提供了宝贵经验。实践证明，党中央关于海南建省和兴办经济特区的决策是完全正确的。

在中国特色社会主义进入新时代的大背景下，赋予海南经济特区改革开放新的使命，是习近平总书记亲自谋划、亲自部署、亲自推动的重大国家战略，必将对构建我国改革开放新格局产生重大而深远影响。支持海南全面深化改革开放有利于探索可复制可推广的经验，压茬拓展改革广度和深度，完善和发展中国特色社会主义制度；有利于我国主动参与和推动经济全球化进程，发展更高层次的开放型经济，加快推动形成全面开放新格局；有利于推动海南加快实现社会主义现代化，打造成新时代中国特色社会主义新亮点，彰显中国特色社会主义制度优越性，增强中华民族的凝聚力和向心力。

二、总体要求

（一）指导思想。全面贯彻党的十九大和十九届二中、三中全会精神，以习近平新时代中国特色社会主义思想为指导，坚持党的全面领导，坚持稳中求进工作总基调，坚持新发展理念，统筹推进“五位一体”总体布局和协调推进“四个全面”战略布局，以供给侧结构性改革为主线，赋予海南经济特区改革开放新使命，建设自由贸易试验区和中国特色自由贸易港，解放思想、大胆创新，着力在建设现代化经济体系、实现高水平对外开放、提升旅游消费水平、服务国家重大战略、加强社会治理、打造一流生态环境、完善人才发展制度等方面进行探索，在贯彻落实党的十九大的重大决策部署上走在前列，打造实践中国特色社会主义的生动范例，开创新时代中国特色社会主义新局面，为把我国建设成为富强民主文明和谐美丽的社会主义现代化强国作出更大贡献。

（二）战略定位

——全面深化改革开放试验区。大力弘扬敢闯敢试、敢为人先、埋头苦干的特区精神，在经济体制改革和社会治理创新等方面先行先试。适应经济全球化新形势，实行更加积极主动的开放战略，探索建立开放型经济新体制，把海南打造成为我国面向太平洋和印度洋的重要对外开放门户。

——国家生态文明试验区。牢固树立和践行绿水青山就是金山银山的理念，坚定不移走生产发展、生活富裕、生态良好的文明发展道路，推动形成人与自然和谐发展的现代化建设新格局，为推进全国生态文明建设探索新经验。

——国际旅游消费中心。大力推进旅游消费领域对外开放，积极培育旅游消费新热点，下大气力提升服务质量和国际化水平，打造业态丰富、品牌集聚、环境舒适、特色鲜明的国际旅游消费胜地。

——国家重大战略服务保障区。深度融入海洋强国、“一带一路”建设、军民融合发展等重大战略，全面加强支撑保障能力建设，切实履行好党中央赋予的重要使命，提升海南在国家战略格局中的地位和作用。

（三）基本原则

——坚持和加强党对改革开放的领导。把党的领导贯穿于海南全面深化改革开放的全过程，增强“四个意识”，坚定“四个自信”，自觉维护以习近平同志为核心的党中央权威和集中统一领导，培育践行社会主义核心价值观，确保改革开放的社会主义方向。

——坚持整体推进和稳步实施。强化顶层设计，增强改革的系统性、协调性，使各项改革举措相互配合、相得益彰，提高改革整体效益。科学把握改革举措实施步骤，加强风险评估和跟踪预警，注重纠错调整，积极防范潜在风险。

——坚持统筹陆地和海洋保护发展。加强海洋生态文明建设，加大海洋保护力度，加强海洋权益维护，科学有序开发利用海洋资源，培育壮大特色海洋经济，形成陆海资源、产业、空间互动协调发展新格局。

——坚持发挥人才的关键性作用。坚持人才是第一资源，在人才培养、引进、使用上大胆创新，聚天下英才而用之，努力让各类人才引得进、留得住、用得好，使海南成为人才荟萃之岛、技术创新之岛。

（四）发展目标

到2020年，与全国同步实现全面建成小康社会目标，确保现行标准下农村贫困人口实现脱贫，贫困县全部摘帽；自由贸易试验区建设取得重要进展，国际开放度显著提高；公共服务体系更加健全，人民群众获得感明显增强；生态文明制度基本建立，生态环境质量持续保持全国一流水平。

到2025年，经济增长质量和效益显著提高；自由贸易港制度初步建立，营商环境达到国内一流水平；民主法制更加健全，治理体系和治理能力现代化水平明显提高；公共服务水平和质量达到国内先进水平，基本公共服务均等化基本实现；生态环境质量继续保持全国领先水平。

到2035年，在社会主义现代化建设上走在全国前列；自由贸易港的制度体系和运作模式更加成熟，营商环境跻身全球前列；人民生活更为宽裕，全体人民共同富裕迈出坚实步伐，优质公共服务和创新创业环境达到国际先进水平；生态环境质量和资源利用效率居于世界领先水平；现代社会治理格局基本形成，社会充满活力又和谐有序。

到本世纪中叶，率先实现社会主义现代化，形成高度市场化、国际化、法治化、现代化的制度体系，成为综合竞争力和文化影响力领先的地区，全体人民共同富裕基本实现，建成经济繁荣、社会文明、生态宜居、人民幸福的美好新海南。

三、建设现代化经济体系

坚持质量第一、效益优先，以供给侧结构性改革为主线，推动经济发展质量变革、效率变革、动力变革，提高全要素生产率，加快建立开放型生态型服务型产业体系，进一步完善社会主义市场经济体制，不断增强海南的经济创新力和竞争力。

（五）深化供给侧结构性改革。坚持把实体经济作为发展经济的着力点，紧紧围绕提高供给体系质量，支持海南传统产业优化升级，加快发展现代服务业，培育新动能。推动旅游业转型升级，加快构建以观光旅游为基础、休闲度假为重点、文体旅游和健康旅游为特色的旅游产业体系，推进全域旅游发展。瞄准国际先进水平，大力发展现代服务业，加快服务贸易创新发展。统筹实施网络强国战略、大数据战略、“互联网+”行动，大力推进新一代信息技术产业发展，推动互联网、物联网、大数据、卫星导航、人工智能和实体经济深度融合。鼓励发展虚拟现实技术，大力发展数字创意产业。高起点发展海洋经济，积极推进南海天然气水合物、海底矿物商业化开采，鼓励民营企业参与南海资源开发，加快培育海洋生物、海水淡化与综合利用、海洋可再生能源、海洋工程装备研发与应用等新兴产业，支持建设现代化海洋牧场。实施乡村振兴战略，做强做优热带特色高效农业，打造国家热带现代农业基地，支持创设海南特色农产品期货品种，加快推进农业农村现代化。

（六）实施创新驱动发展战略。面向深海探测、海洋资源开发利用、航天应用等战略性领域，支持海南布局建设一批重大科研基础设施与条件平台，建设航天领域重大科技创新基地和国家深海基地南方中心，打造空间科技创新战略高地。加强国家南繁科研育种基地（海南）建设，打造国家热带农业科学中心，支持海南建设全球动植物种质资源引进中转基地。设立海南国际离岸创新创业示范区。建立符合科研规律的科技创新管理制度和国际科技合作机制。鼓励探索知识产权证券化，完善知识产权信用担保机制。

（七）深入推进经济体制改革。深化国有企业改革，推进集团层面混合所有制改革，健全公司法人治理结构，完善现代企业制度。完善各类国有资产管理体制，探索政府直接授权国有资本投资、运营公司，加快国有企业横向联合、纵向整合和专业化重组，推动国有资本做强做优做大。完善产权保护制度，加强政务诚信和营商环境建设，清理废除妨碍统一市场和公平竞争的规定与做法，严厉打击不正当竞争行为，激发和保护企业家精神，支持民营企业发展，鼓励更多市场主体和社会主体投身创新创业。深化农垦改革，推进垦区集团化、农场企业化改革，有序推行土地资产化和资本化，鼓励社会资本通过设立农业产业投资基金、农垦产业发展股权投资基金等方式，参与农垦项目和国有农场改革。扎实推进房地一体的农村集体建设用地和宅基地使用权确权登记颁证，在海南全省统筹推进农村土地征收、集体经营性建设用地入市、宅基地制度改革试点，建立不同权属、不同用途建设用地合理比价调节机制和增值收益分配机制，统筹不同地区、拥有不同类型土地的农民收益。支持依法合规在海南设立国际能源、航运、大宗商品、产权、股权、碳排放权等交易场所。创新投融资方式，规范运用政府和社会资本合作（PPP）模式，引导社会资本参与基础设施和民生事业。支持海南以电力和天然气体制改革为重点，开展能源综合改革。理顺民用机场管理体制，先行先试通用航空分类管理改革。

（八）提高基础设施网络化智能化水平。按照适度超前、互联互通、安全高效、智能绿色的原则，大力实施一批重大基础设施工程，加快构建现代基础设施体系。建设“数字海南”，推进城乡光纤网络和高速移动通信网络全覆盖，加快实施信息进村入户工程，着力提升南海海域通信保障能力。落实国家网络安全等级保护制度，提升网络安全保障水平。推进海口机场改扩建工程，开展三亚新机场、儋州机场、东方/五指山机场前期工作，加密海南直达全球主要客源地的国际航线。优化整合港口资源，重点支持海口、洋浦港做优做强。推进电网主网架结构建设和城乡电网智能化升级改造，开展智能电网、微电网等示范项目建设。构建覆盖城乡的供气管网。加强城市地下空间利用和综合管廊建设。完善海岛型水利设施网络。

四、推动形成全面开放新格局

坚持全方位对外开放，按照先行先试、风险可控、分步推进、突出特色的原则，第一步，在海南全境建设自由贸易试验区，赋予其现行自由贸易试验区试点政策；第二步，探索实行符合海南发展定位的自由贸易港政策。

（九）高标准高质量建设自由贸易试验区。以现有自由贸易试验区试点内容为主体，结合海南特点，建设中国（海南）自由贸易试验区，实施范围为海南岛全岛。以制度创新为核心，赋予更大改革自主权，支持海南大胆试、大胆闯、自主改，加快形成法治化、国际化、便利化的营商环境和公平统一高效的市场环境。更大力度转变政府职能，深化简政放权、放管结合、优化服务改革，全面提升政府治理能力。实行高水平的贸易和投资自由化便利化政策，对外资全面实行准入前国民待遇加负面清单管理制度，围绕种业、医疗、教育、体育、电信、互联网、文化、维修、金融、航运等重点领域，深化现代农业、高新技术产业、现代服务业对外开放，推动服务贸易加快发展，保护外商投资合法权益。推进航运逐步开放。发挥海南岛全岛试点的整体优势，加强改革系统集成，力争取得更多制度创新成果，彰显全面深化改革和扩大开放试验田作用。

（十）探索建设中国特色自由贸易港。根据国家发展需要，逐步探索、稳步推进海南自由贸易港建设，分步骤、分阶段建立自由贸易港政策体系。海南自由贸易港建设要体现中国特色，符合海南发展定位，学习借鉴国际自由贸易港建设经验，不以转口贸易和加工制造为重点，而以发展旅游业、现代服务业和高新技术产业为主导，更加强调通过人的全面发展，充分激发发展活力和创造力，打造更高层次、更高水平的开放型经济。及时总结 59 国外国人入境旅游免签政策实施效果，加大出入境安全措施建设，为进一步扩大免签创造条件。完善国际贸易“单一窗口”等信息化平台。积极吸引外商投资以及先进技术、管理经验，支持外商全面参与自由贸易港建设。在内外贸、投融资、财政税务、金融创新、出入境等方面探索更加灵活的政策体系、监管模式和管理体制，打造开放层次更高、营商环境更优、辐射作用更强的开放新高地。

（十一）加强风险防控体系建设。出台有关政策要深入论证、严格把关，成熟一项推出一项。打好防范化解重大风险攻坚战，有效履行属地金融监管职责，构建金融宏观审慎管理体系，建立金融监管协调机制，加强对重大风险的识别和系统性金融风险的防范，严厉打击洗钱、恐怖融资及逃税等金融犯罪活动，有效防控金融风险。优化海关监管方式，强化进出境安全准入管理，完善对国家禁止和限制入境货物、物品的监管，高效精准打击走私活动。建立检验检疫风险分类监管综合评定机制。强化企业投资经营事中事后监管，实行“双随机、一公开”监管全覆盖。

五、创新促进国际旅游消费中心建设的体制机制

深入推进国际旅游岛建设，不断优化发展环境，进一步开放旅游消费领域，积极培育旅游消费新业态、新热点，提升高端旅游消费水平，推动旅游消费提质升级，进一步释放旅游消费潜力，积极探索消费型经济发展的新路径。

（十二）拓展旅游消费发展空间。实施更加开放便利的离岛免税购物政策，实现离岛旅客全覆盖，提高免税购物限额。支持海南开通跨国邮轮旅游航线，支持三亚等邮轮港口开展公海游航线试点，加快三亚向邮轮母港方向发展。放宽游艇旅游管制。有序推进西沙旅游资源开发，稳步开放海岛游。全面落实完善博鳌乐城国际医疗旅游先行区政策，鼓励医疗新技术、新装备、新药品的研发应用，制定支持境外患者到先行区诊疗的便利化政策。推动文化和旅游融合发展，大力发展动漫游戏、网络文化、数字内容等新兴文化消费，促进传统文化消费升级。允许外资在海南试点设立在本省经营的演出经纪机构，允许外资在海南省内经批准的文化旅游产业集聚区设立演出场所经营单位，演出节目需符合国家法律和政策规定。允许旅游酒店经许可接收国家批准落地的境外电视频道。支持在海南建设国家体育训练南方基地和省级体育中心，鼓励发展沙滩运动、水上运动、赛马运动等项目，支持打造国家体育旅游示范区。探索发展竞猜型体育彩票和大型国际赛事即开彩票。探索从空间规划、土地供给、资源利用等方面支持旅游项目建设。

（十三）提升旅游消费服务质量。鼓励海南旅游企业优化重组，支持符合条件的企业上市融资，促进旅游产业规模化、品牌化、网络化经营，形成一批具有国际竞争力的旅游集团。推进经济型酒店连锁经营，鼓励发展各类生态、文化主题酒店和特色化、中小型家庭旅馆，积极引进国内外高端酒店集团和著名酒店管理品牌。高标准布局建设具有国际影响力的大型消费商圈，完善“互联网+”消费生态体系，鼓励建设“智能店铺”“智慧商圈”，支持完善跨境消费服务功能。加强旅游公共服务设施的统筹规划和建设。健全旅游服务的标准体系、监管体系、诚信体系、投诉体系，建立企业信誉等级评价、重大信息公告、消费投诉信息和违规记录公示制度。严厉打击扰乱旅游市场秩序的违法违规行为，完善旅游纠纷调

解机制，切实维护旅游者合法权益。支持海南整合旅游营销资源，强化整体宣传营销，促进海南旅游形象提升。

（十四）大力推进旅游消费国际化。支持海南积极引进国际优质资本和智力资源，采用国际先进理念进行旅游资源保护和开发。允许在海南注册的符合条件的中外合资旅行社从事除台湾地区以外的出境旅游业务。支持海南积极参与国际旅游合作与分工，与国际组织和企业在引资引智、市场开发、教育培训、体育赛事等方面开展务实合作。加快建立与国际通行规则相衔接的旅游管理体制，推动更多企业开展国际标准化组织（ISO）质量和环境管理体系认证，提升企业管理水平。系统提升旅游设施和旅游要素的国际化、标准化、信息化水平。指导海南进一步办好国际体育赛事，支持再引入一批国际一流赛事。支持海南举办国际商品博览会和国际电影节。

六、服务和融入国家重大战略

支持海南履行好党中央赋予的重要使命，持续加强支撑保障能力建设，更好服务海洋强国、“一带一路”建设、军民融合发展等国家重大战略实施。

（十五）加强南海维权和开发服务保障能力建设。加快完善海南的维权、航运、渔业等重点基础设施，显著提升我国对管辖海域的综合管控和开发能力。实施南海保障工程，建立完善的救援保障体系。保障法院行使对我国管辖海域的司法管辖权。支持三亚海上旅游合作开发基地、澄迈等油气勘探生产服务基地建设。加强重点渔港和避风港建设。

（十六）深化对外交往与合作。充分利用博鳌亚洲论坛等国际交流平台，推动海南与“一带一路”沿线国家和地区开展更加务实高效的合作，建设 21 世纪海上丝绸之路重要战略支点。鼓励境外机构落户海南。支持海南推进总部基地建设，鼓励跨国企业、国内大型企业集团在海南设立国际总部和区域总部。支持在海南设立 21 世纪海上丝绸之路文化、教育、农业、旅游交流平台，推动琼海农业对外开放合作试验区建设。加强海南与东南亚国家的沟通交流，重点开展旅游、环境保护、海洋渔业、人文交流、创新创业、防灾减灾等领域合作。

（十七）推进军民融合深度发展。落实经济建设项目贯彻国防要求的有关部署，加强军地在基础设施、科技、教育和医疗服务等领域的统筹发展，建立军地共商、科技共兴、设施共建、后勤共保的体制机制，将海南打造成为军民融合发展示范基地。依托海南文昌航天发射场，推动建设海南文昌国际航天城。完善南海岛礁民事服务设施与功能，建设生态岛礁，打造南海军民融合精品工程。深化空域精细化管理改革，提升军民航空域使用效率。完善军地土地置换政策，保障军事用地需求，促进存量土地盘活利用。建设国家战略能源储备基地。

（十八）加强区域合作交流互动。依托泛珠三角区域合作机制，鼓励海南与有关省区共同参与南海保护与开发，共建海洋经济示范区、海洋科技合作区。密切与香港、澳门在海事、海警、渔业、海上搜救等领域的合作，积极对接粤港澳大湾区建设。加强与台湾地区在教育、医疗、现代农业、海洋资源保护与开发等领域的合作。深化琼州海峡合作，推进港航、旅游协同发展。

七、加强和创新社会治理

始终坚持以人民为中心的发展思想，完善公共服务体系，加强社会治理制度建设，不断满足人民日益增长的美好生活需要，形成有效的社会治理、良好的社会秩序，使人民获得感、幸福感、安全感更加充实、更有保障、更可持续。

（十九）健全改善民生长效机制。坚决打赢精准脱贫攻坚战，建立稳定脱贫长效机制，促进脱贫提质增效。深化户籍制度改革，有序推进农业转移人口市民化，推动基本公共服务覆盖全部常住人口。大力实施基础教育提质工程，全面提升学前教育和中小学教育质量。完善劳动用工制度，健全最低工资标准调整和工资支付保障长效机制。开展激发重点群体增收活力改革试点，推进事业单位改革和人才评价机制改革，在国家政策框架内，加快完善与自由贸易试验区和自由贸易港建设相适应、体现工作绩效和分级分类管理的机关事业单位工资分配政策。创新社会救助模式，完善专项救助制度，在重点保障城乡低保对象、特困人员的基础上，将专项救助向低收入家庭延伸。全面实施全民参保计划。建立和完善房地产长效机制，防止房价大起大落。继续深化医药卫生体制改革。

（二十）打造共建共治共享的社会治理格局。加强预防和化解社会矛盾机制建设，正确处理人民内部矛盾。加强人口动态数据收集分析，建立人口监测预警报告制度。推动建立以社会保障卡为载体的“一卡通”服务管理模式。探索行业协会商会类、科技类、公益慈善类、城乡社区服务类社会组织依法直接登记制度，支持社会组织在规范市场秩序、开展行业监管、加强行业自律、调解贸易纠纷等方面发挥更大作用，推进行业协会商会脱钩改革。全面加强基层治理，统筹推进基层政权建设和基层群众自治，促进乡镇（街道）治理和城乡社区治理有效衔接，构建简约高效的基层管理体制。全面推进社会信用体系建设，加快构建守信激励和失信惩戒机制。围绕行政管理、司法管理、城市管理、环境保护等社会治理的热点难点问题，促进人工智能技术应用，提高社会治理智能化水平。

（二十一）深化行政体制改革。全面贯彻党的十九届三中全会精神，认真落实《中共中央关于深化党和国家机构改革的决定》、《深化党和国家机构改革方案》，坚决维护党中央权威和集中统一领导，率先完成地方党政机构改革。深化“放管服”改革，在进一步简政放权、放管结合、优化服务方面走在全国前列，推动自由贸易试验区和自由贸易港建设。按照宜放则放、不宜放则不放的原则，赋予海南省级政府更多自主权，将贴近基层和群众的管理服务事务交由下级政府承担。推进海南行政区划改革创新，优化行政区划设置和行政区划结构体系。支持海南按照实际需要统筹使用各类编制资源。深化“多规合一”改革，推动形成全省统一的空间规划体系。积极探索与行政体制改革相适应的司法体制改革。

八、加快生态文明体制改革

牢固树立社会主义生态文明观，像对待生命一样对待生态环境，实行最严格的生态环境保护制度，还自然以宁静、和谐、美丽，提供更多优质生态产品以满足人民日益增长的优美生态环境需要，谱写美丽中国海南篇章。

（二十二）完善生态文明制度体系。加快建立健全生态文明建设长效机制，压紧压实生态环境保护责任。率先建立生态环境和资源保护现代监管体制，设立国有自然资源资产管理和自然生态监管机构。落实环境保护“党政同责、一岗双责”，构建以绿色发展为导向的评价考核体系，严格执行党政领导干部自然资源资产离任审计、生态环境损害责任追究制度。编制自然资源资产负债表，实行省以下环保机构监测监察执法垂直管理制度。支持海南在建立完善自然资源资产产权制度和有偿使用制度方面率先进行探索。加快完善生态保护成效与财政转移支付资金分配相挂钩的生态保护补偿机制。全面实施河长制、湖长制、湾长制、林长制。探索建立水权制度。鼓励海南国家级、省级自然保护区依法合规探索开展森林经营先行先试。加强对海洋生态环境的司法保护。开展海洋生态系统碳汇试点。研究构建绿色标准体系，建立绿色产品政府采购制度，创建绿色发展示范区。实行碳排放总量和能耗增量控制。建立环境污染“黑名单”制度，健全环保信用评价、信息强制性披露、严惩重罚等制度。在环境高风险领域建立环境污染强制责任保险制度。

（二十三）构建国土空间开发保护制度。深入落实主体功能区战略，健全国土空间用途管制制度，完善主体功能区配套政策，制定实施海南省海洋主体功能区规划。完成生态保护红线、永久基本农田、城镇开发边界和海洋生物资源保护线、围填海控制线划定工作，严格自然生态空间用途管制。实行最严格的节约用地制度，实施建设用地总量和强度双控行动，推进城市更新改造，对低效、零散用地进行统筹整合、统一开发，确保海南建设用地总量在现有基础上不增加，人均城镇工矿用地和单位国内生产总值建设用地使用面积稳步下降。加强自然保护区监督管理。研究设立热带雨林等国家公园，构建以国家公园为主体的自然保护地体系，按照自然生态系统整体性、系统性及其内在规律实行整体保护、系统修复、综合治理。实施重要生态系统保护和修复重大工程，构建生态廊道和生物多样性保护网络，提升生态系统质量和稳定性。鼓励在重点生态区位推行商品林赎买制度，探索通过租赁、置换、地役权合同等方式规范流转集体土地和经济林，逐步恢复和扩大热带雨林等自然生态空间。实施国家储备林质量精准提升工程，建设乡土珍稀树种木材储备基地。对生态环境脆弱和敏感区域内居民逐步实施生态移民搬迁。严格保护海洋生态环境，更加重视以海定陆，加快建立重点海域入海污染物总量控制制度，制定实施海岸带保护与利用综合规划。

（二十四）推动形成绿色生产生活方式。坚持“绿色、循环、低碳”理念，建立产业准入负面清单制度，全面禁止高能耗、高污染、高排放产业和低端制造业发展，推动现有制造业向智能化、绿色化和服务型转变，加快构建绿色产业体系。实施能源消费总量和强度双控行动。支持海南建设生态循环农业示范省，加快创建农业绿色发展先行区。实行生产者责任延伸制度，推动生产企业切实落实废弃产品回收责任。减少煤炭等化石能源消耗，加快构建安全、绿色、集约、高效的清洁能源供应体系。建立闲置房屋盘活利用机制，鼓励发展度假民宿等新型租赁业态。探索共享经济发展新模式，在出行、教育、职业培训等领域开展试点示范。科学合理控制机动车保有量，加快推广新能源汽车和节能环保汽车，在海南岛逐步禁止销售燃油汽车。全面禁止在海南生产、销售和使用一次性不可降解塑料袋、塑料餐具，加快推进快递业绿色包装应用。

九、完善人才发展制度

实施人才强国战略，深化人才发展体制机制改革，实行更加积极、更加开放、更加有效的人才政策，加快形成人人渴望成才、人人努力成才、人人皆可成才、人人尽展其才的良好环境。

（二十五）创新人才培养支持机制。鼓励海南充分利用国内外优质教育培训资源，加强教育培训合作，培养高水平的国际化人才。支持海南大学创建世界一流学科，支持相关高校培育建设重点实验室。鼓励国内知名高校和研究机构在海南设立分支机构。完善职业教育和培训体系，深化产教融合、校企合作，鼓励社会力量通过独资、合资、合作等多种形式举办职业教育。鼓励海南引进境外优质教育资源，举办高水平中外合作办学机构和项目，探索建立本科以上层次中外合作办学项目部省联合审批机制。支持海南通过市场化方式设立专业人才培养专项基金。完善促进终身教育培训的体制机制。

（二十六）构建更加开放的引才机制。加大国家级人才计划对海南省人才队伍建设的支持力度。紧紧围绕强化公益属性的目标深化事业单位改革，除仅为机关提供支持保障的事业单位外，原则上取消行政级别，允许改革后的事业单位结合实际完善有利于激励人才的绩效工资内部分配办法。促进教师、医生、科研人员等合理流动。创新“候鸟型”人才引进和使用机制，设立“候鸟”人才工作站，允许内地国企、事业单位的专业技术和管理人才按规定在海南兼职兼薪、按劳取酬。支持海南开展国际人才管理改革试点，允许外籍和港澳台地区技术技能人员按规定在海南就业、永久居留。允许在中国高校获得硕士及以上学位的优秀外国留学生在海南就业和创业，扩大海南高校留学生规模。支持海南探索建立吸引外国高科技人才的管理制度。

（二十七）建设高素质专业化干部队伍。坚持党管干部原则，坚持正确选人用人导向，突出政治标准，注重培养专业能力、专业精神，增强干部队伍助推海南全面深化改革开放的能力。推进公务员聘任制和分类管理改革，拓宽社会优秀人才进入党政干部队伍渠道，允许在专业性较强的政府机构设置高端特聘职位，实施聘期管理和协议工资。加强海南与国内发达地区的公务员学习交流，开展公务员国际交流合作，稳妥有序开展公务人员境外培训。加强优秀后备干部储备，完善鼓励干部到基层一线、困难艰苦地区历练的机制。

（二十八）全面提升人才服务水平。加大优质公共服务供给，满足人才对高品质公共服务的需求。大力引进优质医疗资源，鼓励社会力量发展高水平医疗机构，推进国际国内医疗资源合作，积极引进优秀卫生专业技术人员。深度推进跨省异地就医住院医疗费用直接结算，鼓励发展商业补充保险。推进社会养老服务设施建设。加快数字图书馆、数字博物馆、网上剧院等建设，构建标准统一、互联互通的公共数字文化服务网络。出台专门政策解决引进人才的任职、住房、就医、社保、子女教育等问题。

十、保障措施

毫不动摇加强党对改革开放的领导，进一步强化政策支持，建立健全“中央统筹、部门支持、省抓落实”的工作机制，坚定自觉地把党中央、国务院的决策部署落到实处。

（二十九）加强党的领导。坚持党对一切工作的领导，充分发挥党总揽全局、协调各方的作用。海南省委要把党的政治建设摆在首位，用习近平新时代中国特色社会主义思想武装海南党员干部。着眼于健全加强党的全面领导的制度，优化党的组织机构，建立健全省委对全面深化改革开放工作的领导体制机制，更好发挥党的职能部门作用，提高党把方向、谋大局、定政策、促改革的能力和定力。加强基层党组织建设，着力提升组织力，增强政治功能，引导广大党员发挥先锋模范作用，把基层党组织建设成为推动海南全面深化改革开放的坚强战斗堡垒。完善体现新发展理念和正确政绩观要求的干部考核评价体系，建立激励机制和容错纠错机制，旗帜鲜明地为敢于担当、踏实做事、不谋私利的干部撑腰鼓劲。牢牢掌握意识形态工作领导权，把社会主义核心价值观融入社会发展各方面，坚定文化自信。持之以恒正风肃纪，强化纪检监察工作，营造风清气正良好环境。深化政治巡视。全面落实监察法。

（三十）强化政策保障。本意见提出的各项改革政策措施，凡涉及调整现行法律或行政法规的，经全国人大或国务院统一授权后实施。中央有关部门根据海南省建设自由贸易试验区、探索实行符合海南发展定位的自由贸易港政策需要，及时向海南省下放相关管理权限，给予充分的改革自主权。按照市场化方式，设立海南自由贸易港建设投资基金。深化司法体制综合配套改革，全面落实司法责任制，实行法院、检察院内设机构改革试点，建立法官、检察官员额退出机制。支持建立国际经济贸易仲裁机构和国际争端调解机构等多元纠纷解决机构。

（三十一）完善实施机制。海南省要发挥主体责任，主动作为、真抓实干，敢为人先、大胆探索，以“功成不必在我”的精神境界和“功成必定有我”的历史担当，一任接着一任干，一茬接着一茬干，将蓝图一绘到底。要制定预案，稳定市场预期，坚决防范炒房炒地投机行为。研究建立重大问题协调机制，统筹推进海南全面深化改革开放工作。中央有关部门要真放真改真支持，切实贯彻落实本意见提出的各项任务和政策措施，会同海南省抓紧制定实施方案。国家发展改革委要加强综合协调，强化督促检查，适时组织对本意见实施情况进行评估，及时发现问题并提出整改建议，重大事项向党中央、国务院报告。

（资料来源：http://www.gov.cn/zhengce/2018-04/14/content_5282456.htm.）

附录二　海南省建设国际旅游消费中心的实施方案

在中国特色社会主义进入新时代的大背景下，赋予海南经济特区改革开放新的使命，是习近平总书记亲自谋划、亲自部署、亲自推动的重大国家战略。推动海南建设具有世界影响力的国际旅游消费中心，是高质量发展要求在海南的具体体现，是建设海南自由贸易试验区和探索建立中国特色自由贸易港的重要支撑。为深入贯彻习近平总书记在庆祝海南建省办特区30周年大会上的重要讲话精神，按照《中共中央、国务院关于支持海南全面深化改革开放的指导意见》的总体要求，加快推进海南国际旅游消费中心建设，制定本方案。

一、总体要求

（一）指导思想。

以习近平新时代中国特色社会主义思想为指导，全面贯彻党的十九大和十九届二中、三中全会精神，认真贯彻落实习近平总书记在庆祝海南建省办经济特区30 周年大会上的重要讲话精神，坚持和加强党的全面领导，坚持稳中求进工作总基调，坚持新发展理念，坚持以人民为中心的发展思想，统筹推进“五位一体”总体布局和协调推进“四个全面”战略布局，以供给侧结构性改革为主线，牢牢把握生态是海南最大的财富，按照高质量发展要求，深入推进国际旅游岛建设，创新体制机制，不断优化发展环境，进一步开放旅游消费领域，积极培育旅游消费新业态、新热点，提升高端旅游消费水平，推动旅游消费提质升级，进一步释放旅游消费潜力，积极探索消费型经济发展的新路径，打造业态丰富、品牌集聚、环境舒适、特色鲜明、生态良好的国际旅游消费胜地。

（二）战略定位。

——旅游高质量发展示范区。牢固树立和践行绿水青山就是金山银山的理念，按照绿色旅游发展的要求推动全域旅游产业融合，有效整合资源，优化配套体系，提高旅游资源要素配置效率，推动从数量扩张到质量提升转变，发展负责任、可持续的旅游业，为国内外游客和当地群众提供更多优质服务。

——旅游体制机制创新试验区。充分发挥海南自由贸易试验区和中国特色自由贸易港的优势，积极探索、先行先试，全面推进体制机制创新，加快构建以旅游业为龙头的现代服务业体系，探索通过大力发展生态旅游实现生态产品价值实现的机制，为全国旅游业改革开放提供海南范例。

——世界知名国际旅游消费胜地。充分发挥海南的区位和资源优势，对标国际知名旅游目的地，积极培育旅游消费新业态，扩大对外开放，提升旅游服务质量和国际化水平，打造世界知名的国际旅游消费胜地。

（三）主要目标。

到 2020 年，国际旅游消费中心建设取得重要进展。旅游产业转型升级加快，相关产业融合发展进一步深化，旅游消费新业态日益丰富，旅游供给质量、管理效能和服务水平明显提升，免税购物更加便利，旅游消费要素的国际化、标准化、信息化水平显著提高。

到 2025 年，国际旅游消费中心基本建成。以观光旅游为基础、休闲度假为重点、文体旅游和健康旅游为特色的旅游产业体系基本形成，旅游消费业态更加完善，旅游消费潜力进一步释放，高端旅游消费初具规模，旅游消费体制机制与国际接轨，旅游消费内容日益多元化、高端化、国际化。

到 2035 年，成为具有全球影响力的旅游消费目的地。高质量的旅游消费供给体系、优越的旅游消费环境体系、完善的质量标准体系和健全的旅游消费政策体系基本形成，成为世界知名的旅游消费中心和世界消费经济发展高地。

到本世纪中叶，国际旅游消费中心的知名度和美誉度显著提升，成为全球旅游消费时尚潮流的引领者，世界知名的旅游度假和购物天堂，成为展示中国风范、中国气派、中国形象的靓丽名片。

二、拓展旅游消费发展空间，构建丰富多彩的旅游消费新业态

依托海南的特色资源优势，实施更加开放的政策，加快旅游产业转型升级，推动旅游与相关产业融合发展，培育旅游消费新业态、新热点，全面提升旅游消费供给质量。

（一）打造全球免税购物中心和时尚消费中心。

1．实施更加开放便利的离岛免税政策。创新监管模式，丰富提货模式，将乘轮船离岛旅客纳入离岛免税政策适用对象范围，实现各种交通方式离岛旅客全覆盖。适当提高离岛免税政策免税限额，进一步增加免税商品品种，对旅游人数达到一定规模且具备免税品安全离岛等实施条件的，可考虑增设免税店。

2．建设时尚高端消费品设计展示交易中心。吸引全球时尚高端消费品牌入驻，鼓励设立品牌代理总部或地区总部。建立黄金珠宝、高级定制时装等时尚高端消费品发布、定制和展示交易中心，吸引独立设计师品牌、大师工作室、艺术研究机构及时尚营销机构集聚，带动时尚潮流资讯传播和时尚产品消费。建设全球知名品牌区域消费中心，满足高端个性化消费需求。

（二）丰富提升国际旅游产品供给。

3．拓展邮轮旅游。鼓励吸引国际邮轮注册，发展国际邮轮和外国游客入境旅游业务。对外国旅游团乘坐邮轮入境实行 15 天免签。研究扩大邮轮航线至更多国家和地区。允许以国际中转物资方式入境的邮轮维修备品、备件等，办理海关申报和检疫手续后直接供船。优化邮轮游艇卫生检疫监管模式，推广出入境邮轮游艇电讯检疫。加快推进三亚向邮轮母港方向发展。支持开通环海南岛和跨国邮轮旅游航线。推动开展海上丝绸之路沿线邮轮旅游合作，在三亚等邮轮港口开展公海游航线试点。与世界著名邮轮公司合作，将海南纳入国际旅游“一程多站”航线。

4．发展游艇旅游。放宽游艇旅游管制，简化入境手续，探索在海南省管辖海域对境外游艇实施游览水域负面清单管理。降低游艇入境门槛，进一步提升游艇通关便利化水平，对海南自驾游进境游艇实施免担保政策。在满足相关法规和安全管理要求的前提下，积极支持游艇租赁业务发展。创新游艇监管体制机制，研究将游艇户口簿管理改为备案管理。便利港澳游客驾乘游艇赴海南旅游。

5．稳步发展低空旅游和海岛旅游。深化低空空域管理服务保障示范区建设，探索在适宜的景点景区、特色城镇开展热气球、直升机、水上飞机等通航观光体验和翼装、滑翔、跳伞等航空运动。加快培育通用航空产业，完善通用航空示范区及机场体系建设，构建完善通用航空产业链。有序推进西沙旅游资源开发，稳步开放海岛游。

（三）培育旅游消费新业态。

6．壮大健康旅游消费。全面落实完善博鳌乐城国际医疗旅游先行区政策，办好和引进博鳌超级医院等一批先进的医疗及医养结合机构，对于先行区医疗机构因临床急需进口少量药品（不含疫苗）的，由海南省人民政府实施进口批准，鼓励高新医疗技术研发，高端医疗装备、新药品的应用，将先行区建成世界一流水平的国际医疗旅游目的地。加强海南和三亚国际旅行卫生保健中心建设，为广大出入境人员提供高水平国际旅行卫生服务。建设国家级健康旅游示范基地。利用海南温泉、冷泉、森林以及南药黎药等资源，发展特色康养旅游。

7．提升文化旅游消费。推动文化与旅游相结合，大力发展动漫游戏、网络文化、数字艺术、数字阅读、知识产权交易等新型文化消费业态。发展国际版权贸易，鼓励具有中国特色的影视、出版、演艺、动漫、游戏、软件等产业的版权输出。研究探索符合条件的外商独资或中外合资、中外合作拍卖企业在国家南海文博产业园区从事文物拍卖业务。完善中国（海南）南海博物馆功能建设。充分利用现有资源，规划和建设一批具有鲜明特色、兼具文化和休闲功能的小型博物馆、非遗馆、图书馆、文化馆等公共文化设施。鼓励开发特色文化创意产品。允许外资在海南试点设立在本省经营的演出经纪机构，允许外资在海南省内经批准的文化旅游产业集聚区设立演出场所经营单位，演出节目需符合国家法律和政策规定。允许旅游酒店经许可接收国家批准落地的境外电视频道。

8．发展会展节庆旅游消费。实施更加开放的会展业发展政策，允许境外组织机构在海南举办符合国家法律规定的会展。高水平建设一批国际化的会展设施。重点打造海口、三亚、琼海国际会展集聚区。对接国际会展活动通行规则，引进顶级专业会展公司，高水平举办国际商品博览会、国际品牌博览会、国际电影节、国际时装周、国际音乐节等大型国际展览会和世界级节事活动。举办海上丝绸之路文化旅游节，做大做强海南世界休闲旅游博览会、海南国际旅游美食展、海南国际旅游岛欢乐节。

9．扩大体育旅游消费。全面推进体育与旅游产业融合发展，建立完善的体育旅游产品体系和产业政策体系，建设国家体育旅游示范区。鼓励沙滩运动、水上运动、赛马运动、航空运动、汽车摩托车运动、户外运动等项目发展。支持海南加快探索休闲渔业规范化管理，有序发展游艇游钓。放宽参赛运动船艇、飞行器、汽车摩托车的入境限制。加快建设国家体育训练南方基地，打造一批国际一流的运动训练和赛事基地。积极开展赛事展览、运动培训和休闲体验，打造体育运动休闲度假小镇，培育滨海休闲体育运动消费市场。探索发展竞猜型体育彩票和大型国际赛事即开彩票。

10．加快发展全域旅游。大力推进“旅游+”，促进旅游与其他产业融合、产城融合，打造创意产品、体验产品、定制产品和各类旅游新业态。推进全域统筹规划、合理布局、服务提升、系统营销，全力推进“美丽海南百镇千村”工程，建设美丽宜居村庄、旅游小镇、风情县城，打造一批精品旅游景区和旅游度假区。高标准建设航天、海洋等不同主题的公园乐园以及国际化、高端化的大型旅游综合体。鼓励在海南开展主题丰富、形式多样的研学旅行。

三、提升旅游消费服务质量，创建国际一流的旅游消费环境

对标国际标准，提升多元化多层次吃住行游购娱供给水平，加强旅游公共服务设施配套，为国内外游客提供更加舒适安全便捷诚信的旅游服务。

（一）打造智慧型国际消费集聚区。

11．高标准布局建设大型消费商圈。以海口、三亚等区域中心城市为重点，高标准、差异化布局具有国际影响力的大型综合性消费商圈，建设高品位步行街，发挥高端商业的集聚效应。建设海口江东新区，打造国际旅游消费中心体验区。提升重要旅游城镇和休闲度假区的商业配套水平，允许在重点旅游区内设置通宵营业酒吧和娱乐演艺场所。

12．完善“互联网+”消费生态体系。推动建立海南生活服务共享平台，加大物联网、云计算、大数据、人工智能等新一代信息技术投入，发展线上平台与线下体验结合的“智能店铺”，构建实体零售与网络零售融合发展的“智慧商圈”。加强与境内外电商战略合作，完善跨境电子商务交易、支付、物流、结售汇等环节技术标准，优化通关业务流程和监管模式，建设一体化跨境电商大数据信息平台，打造“线上集成+跨境贸易+综合服务”的跨境电商贸易服务中心。

（二）拓展多层次的住宿餐饮消费空间。

13．健全多元化住宿服务体系。继续引进国内外高端酒店集团和著名酒店管理品牌，推动高档酒店品牌化、国际化、精细化发展。推进经济型酒店连锁经营，鼓励发展各类生态、文化主题酒店和特色家庭旅馆。探索发展共享住宿，建立闲置房屋盘活利用机制，推动使用标准化住宿服务电子合同和评价体系，规范房屋分时租赁经营，有序发展“共享农庄”和主题民宿客栈。严禁以旅游开发名义变相建设房地产。

14．打造世界美食中心。支持组建大型餐饮集团和餐饮连锁企业，引入优势品牌企业特别是中华老字号餐饮企业入驻。鼓励建设海南特色美食街、夜市街区等，推广琼菜美食文化。鼓励在重要外事活动和重大节展赛事期间举办国际美食大赛等活动。推动引入餐饮行业国际权威鉴定机构，宣传海南特色美食。

（三）营造优质的旅游消费保障环境。

15．推进旅游公共服务设施建设。实施旅游咨询服务国际化提升工程，加快旅游服务中心建设，完善多语种服务、医疗保障、紧急医学救援、应急救援、外

币兑换等便利化服务功能。加大旅游厕所建设力度，尽快实现卫生实用、生态环保、管理有效的旅游厕所全覆盖。加强旅游安全监管，提升景区应对台风、大雾等极端天气的应急处置能力。完善旅游交通布局，推动机场、港口码头、车站到主要景点景区无缝衔接。支持景区标准化房车露营基地建设，完善新能源汽车配套基础设施。推动公路服务区提质升级。建设环岛旅游公路，打造滨海景点和驿站，构建配套服务设施齐全、智慧化程度高的自驾游和慢行系统。支持对海南省口岸核心能力建设工作，加强口岸动态管理，持续提升对外来传染病的防控能力。

16．加强旅游消费市场监管体系建设。深化旅游消费市场监管体制机制改革，提升综合执法水平。整合市场主体、商品服务质量、消费投诉举报、商品服务定价、知识产权、行政处罚、抽查检测等监管数据，建立以大数据为依托的“云监管”服务平台。成立公益性消费维权组织，形成依法监督和社会监督并举的监督机制。加强旅游消费品生产源头管理，在食品、药品、儿童用品、日用品等领域建立全过程质量安全追溯体系。全面实行“双随机、一公开”监管，完善产权保护，严厉打击扰乱旅游市场秩序、侵害消费者权益的违法违规行为。

17．加强旅游诚信体系建设。建立健全各级社会信用体系，加强人员、经费等工作保障。完善旅游经营者和从业人员“红黑名单”管理机制，开展消费投诉公示工作，推进守法诚信褒奖机制和违法失信行为联合惩戒机制落地，积极开展“信易游”相关工作，为守信的单位和个人提供更加便利和优惠的旅游服务。建立旅游诚信系统，加强对旅行社、酒店、饭店、景区、乡村旅游单位及旅游从业人员信用信息的记录和整合。拓展游客通过多种便捷化方式获取旅游市场主体的信用信息渠道，建立旅游信用公众参与、公众监督反馈机制。鼓励第三方机构对旅游监管对象开展信用评价。创新旅游信用应用场景，打造旅游信用示范景区、小镇、街区。推出“区域诚信防伪标识”。

18．创新消费者权益保障体系。建立完善多部门参与的旅游消费维权投诉处理反馈机制。落实“消费者冷静期”制度，开展线下购物无理由退货试点。支持行业协会或第三方机构设立“消费纠纷先行赔付基金”，推进经营者首问和赔偿支付等维权制度，实现小额消费纠纷快捷处理，加强政策引导和监管。设立地方政府有关部门参与的“消费纠纷人民调解委员会”，强化对疑难消费纠纷的化解和疏导。开展全域、全行业放心消费创建工作，推进消费环境综合治理和社会共治。推行质量首负责任制度，健全质量责任追溯链条，便利消费者依法维权。

四、推进旅游消费国际化，建设世界知名的旅游消费目的地

对接国际化消费理念和消费模式，提升旅游消费要素的国际化、标准化、信息化水平，打造21世纪海上丝绸之路旅游交流平台，全面提高海南旅游的国际开

放度、知名度和美誉度。

（一）提升旅游市场主体国际化水平。

19．培育和引进国际化市场主体。支持符合条件的旅游业企业上市融资，促进旅游产业规模化、品牌化、网络化经营，形成一批具有国际竞争力的旅游集团、知名旅行社和专业旅游服务公司。支持旅游特色银行、旅游保险、旅游消费信贷等特色旅游金融服务机构在海南设立分支机构，为海南国际旅游消费中心提供专业旅游金融产品和服务。允许在海南注册的符合条件的中外合资旅行社从事除台湾地区以外的出境旅游业务。基本实现外商投资旅游业在准入资格、投资占比、经营范围与国内市场主体一致。积极引进国际优质资本和智力资源，采用国际先进理念进行旅游资源保护和开发。积极参与国际旅游合作与分工，与国际组织和企业在引资引智、市场开发、教育培训、体育赛事等方面开展务实合作。支持国际大型旅游开发和运营主体以独资、联合经营、设立分支机构、并购重组等方式落户海南。

20．推进旅游质量国际标准化建设。支持创建旅游服务标准创新基地，制定符合国际通行范例、具有海南特色的旅游标准体系和作业程序。与国际标准化组织（ISO）及其他国内外标准化组织建立合作关系，推动更多企业开展国际标准化质量和环境管理体系认证。鼓励涉旅企业开展管理体系和服务认证，海南省可对通过认证的企业予以适当奖励。

21．提升旅游服务国际化水平。培养旅游消费领域外语人才，促进旅游外语服务水平提升。提升入境游客在海南移动支付、消费服务等方面的便利化水平。实现旅游景点、酒店和大中型商场在线支付、终端支付全覆盖，提高外币兑换便利性。实施国际通信服务水平提升工程，为外国游客提供便利化通信。

（二）提升国际游客通达便捷化水平。

22．加强旅游通道建设。支持海南进一步完善海陆空交通基础设施，成为连接“一带一路”国家的重要交通枢纽。加快推进海口机场改扩建工程，加快推动三亚、儋州、东方/五指山机场建设。深化空域精细化管理改革，扩大海南民航可用空域，优化调整航路航线，增加更多境外航班时刻容量。加密海南直达主要客源地的国际航线。支持海南博鳌机场尽快列为国际口岸，开通国际航线。完善通用机场布局。推进湛海高铁（含轮渡）等项目前期工作取得进展，优化整合港口资源，海口港、洋浦港做优做强。推进琼州海峡客滚运输港航资源整合。加快建设公共游艇码头，推动游艇业基础设施和配套设施在全岛合理布局建设。

23．提升国际游客入境便利化水平。及时总结 59 国外国人入境旅游免签证政策实施效果，加大出入境安全措施建设，为进一步扩大免签创造条件。为外国游客到海南就诊提供签证证件便利。引导旅行社加强对外国游客办理来琼手续的便捷服务。支持“一带一路”沿线国家在海南设立领事机构。

（三）提升旅游人力资源国际化水平。

24．构建更加开放的引才机制。鼓励社会资本通过市场化方式设立旅游专业人才培养和留学生入学的专项基金，扩大海南高校留学生规模。授权海南省商国家外专局制定旅游等海南经济发展急需紧缺的有关外国人才标准，享受外国人才签证（R字签证）、办理工作许可和停居留等便利政策，并在工商、税务、保险等方面提供便利服务。通过联合办学等多种方式允许引进外籍和港澳台地区技术技能人员按规定在海南就业、永久居留。允许境外人员在海南报考导游员资格证（中文）、游泳救生员职业资格。

25．实施技能人才培训计划。支持海南引进境外优质教育资源，对于本科以上中外合作办学，机构实行部省联合审批，项目授权海南省自主审批，报教育部备案。高中阶段中外合作办学机构授权海南省审批设立。支持海南大学等高等院校、职业学校按照国际化标准加大涉外旅游、文体、酒店管理人才培养力度。支持符合条件的境外企业或经济组织在海南注册经营性培训机构，引进一批国（境）外品牌培训机构。

（四）提升旅游对外交往合作水平。

26．拓展境外旅游营销渠道。将海南国际旅游消费中心纳入全国对外旅游宣传工作规划和年度计划。建立旅游大外宣机制，成立省级旅游推广公司，逐步在国（境）外设立办事处。在重点境外客源市场设立旅游分支机构，并派驻营销代表，举办海南旅游专门推介活动。建立跨国界、跨地区的旅游营销网络，开展“一程多站”联合促销。组织重点境外客源市场的旅行商和媒体考察踩线，设计针对性强的旅游产品和旅游线路。全方位开展新媒体新技术营销，利用具有国际影响力的互联网社交媒体加强宣传。完善多语种海南旅游咨询官网建设。

27．打造21世纪海上丝绸之路旅游交流平台。支持海南依托博鳌亚洲论坛等，开展海南旅游开放主题系列活动。支持海南发挥区位优势，妥善利用“友城”“侨乡”等资源，加强同“一带一路”沿线国家和地区在旅游领域的务实交流与合作，建设21世纪海上丝绸之路的旅游交流平台。围绕航空、邮轮、游艇航线开发与旅游客源、资源整合利用等发力，推动打造面向东南亚的旅游经济合作圈。

五、保障机制

（一）加强党的领导。

坚持和加强党对改革开放的领导，把党的领导贯穿于海南全面深化改革开放、推进国际旅游消费中心建设的全过程。海南省要把党的政治建设摆在首位，用习近平新时代中国特色社会主义思想武装海南党员干部，增强“四个意识”，坚定“四个自信”，自觉维护以习近平同志为核心的党中央权威和集中统一领导，把社会主义核心价值观融入国际旅游消费中心政策制订、实施和建设各方面，牢牢掌握意识形态工作领导权，确保改革开放的社会主义方向。

（二）强化政策保障。

对国际旅游消费中心建设涉及的离岛免税购物、邮轮游艇旅游、医疗健康、文化体育等方面的支持政策，中央和国家机关有关部门要按照党中央、国务院决策部署，加强指导，主动服务，需要下放相关管理权限的要及时下放，需要出台实施细则的要抓紧出台，切实做到真放真改真支持。涉及调整现行法律或行政法规规定的，经全国人大及其常委会或国务院统一授权后实施。海南省有关方面要加强沟通协调，做好工作对接，下放的权限要承接好，要提前谋划实施路径，推动各项任务尽快落地实施，尽早发挥政策效应。

（三）加强组织实施。

推进海南全面深化改革开放领导小组要加强对本实施方案的跟踪分析和指导，协调解决重大问题，做好各项工作和政策措施落实的监督检查，适时组织开展方案实施情况评估。海南省要充分认识国际旅游消费中心建设的重大意义，切实履行主体责任，加强组织领导，完善工作机制，落实工作责任，做好规划协调，按照本方案明确的发展定位和重点任务，抓紧推进方案实施，重大问题及时向党中央、国务院报告。实施重大工程、重大项目既要尽力而为，也要量力而行，坚决防范炒房炒地投机行为。要严格防控各类风险，维护意识形态安全和国家安全，实行最严格的生态环境保护制度，严格自然生态空间用途管制，加强海洋环境保护，加强宣传舆论工作，营造良好舆论环境，确保国际旅游消费中心健康持续发展。

（资料来源：http://www.hainan.gov.cn/hainan/zhl/201812/aa6bedcd965c4a0387eb8e554b28dafc.shtml.）

附录三　海南省生态旅游开发保护和融合发展的实施意见

为促进全省生态旅游转型升级和融合发展，加快国际旅游消费中心和全域旅游示范省建设，根据《中共中央办公厅 国务院办公厅关于印发<国家生态文明试验区（海南）实施方案>的通知》（厅字〔2019〕29号）和《中共海南省委关于进一步加强生态文明建设谱写美丽中国海南篇章的决定》等精神，现就全省生态旅游开发保护与融合发展提出如下意见。

一、总体思路

（一）指导思想

坚持以习近平新时代中国特色社会主义思想为指导，深入贯彻党的十九大和十九届二中、三中、四中全会精神，全面贯彻习近平生态文明思想，紧紧围绕统筹推进“五位一体”总体布局和协调推进“四个全面”战略布局，紧扣海南“三区一中心”发展定位，坚持生态立省，坚持新发展理念，以满足人民群众日益增长的生态文化旅游需求为出发点和落脚点，以国家生态文明试验区为指引，以海南国际旅游消费中心和全域旅游示范省建设为契机，创新探索生态产品价值的实现制度，构建生态旅游产品体系，提升生态旅游服务水平，建立生态旅游可持续发展的长效机制，推动全省生态旅游高质量发展，加快把海南建设成全国生态旅游示范省。

（二）基本原则

1. 生态优先，保护为基。严守生态保护红线，以整体保护、系统修复和综合治理为重点，着力提高全省生态资源环境承载力，创新行业管理、优化资源管理，筑牢绿色生态屏障，推动形成人与自然和谐共生的新格局，为全国生态旅游发展探索新经验。

2. 适度开发，以人为本。科学适度开发生态旅游资源，推动生态旅游开发向集约节约和环境友好转型，有序推进海洋、森林、乡村和城镇等地区生态旅游特色化、差别化发展。在热带雨林国家公园内积极探索生态旅游发展，让当地居民共享发展红利。

3. 区域协同，融合发展。打破区域行政壁垒，推动“大三亚”、“海澄文”和热带雨林国家公园区域生态旅游一体化发展。加大生态旅游产业融合开发力度，持续推进生态旅游与养生、体育、教育和高新技术等产业融合发展，实现生态旅游提质扩容。

4. 创新发展，持续为要。探索创新生态旅游在实现生态产品价值、资源统筹管理和可持续发展等方面的体制机制。以开放促改革，优化营商环境，强化市场主体地位，充分发挥政府引导作用，集聚开发保护合力，形成生态旅游可持续发展新局面。

（三）发展目标

到 2025 年，生态旅游新产品新业态不断涌现，生态旅游基础设施和配套公共服务不断完善。环境友好型、非资源消耗型的生态旅游发展理念逐步形成，生态旅游资源保护与监管机制不断完善。延展生态旅游产业链，建立生态旅游融合发展机制，生态旅游产品的生命力和竞争力不断增强，全省成为具有一定国际影响力的生态旅游目的地。

到 2035 年，生态旅游产品体系形成，生态旅游资源开发、公共服务、环境教育、营销推广和科技创新体系健全，生态旅游在生态产品价值实现过程中对生态系统完整性和黎苗文化原真性的保护作用充分显现，“生态旅游+”和“+生态旅游”双轮驱动融合发展，形成一批可复制可推广的生态旅游发展经验，全省生态旅游国际竞争力显著提升，成为生态旅游强省。

二、主要任务

（一）以生态保护红线为底线，加强生态旅游资源保护

1．科学制定生态旅游规划。坚持“青山绿水就是金山银山”的发展理念，以全省国土空间规划为指引，做好热带雨林国家公园保护、生态旅游、基础设施等专项规划编制工作，明确生态保护红线内的自然保护地非核心保护区，在不破坏生态功能的条件下可适度发展参观旅游和相关的必要公共设施建设。加强生态旅游规划与林业、农业和渔业等规划的统筹衔接。建立规划督查、评估机制，增强规划的权威性和指导性。

2．建立统一高效的管理体制机制。以国家生态文明试验区为指引，以创新探索实现生态产品价值实现机制为目的，建立统一高效的生态资源管理体制和行业管理机制。以全省行政机构改革为契机，从空间和职能整合国家级、省级自然保护区和国家森林公园管理权限。以地役权为突破点，创新热带雨林国家公园范围内的土地权属制度。在生态极度脆弱地区，严格限定游客数量，开展游客入园预约制度，充分运用经济杠杆调控客流量。

3．建立开发监管、生态修复和综合治理机制。按照热带雨林国家公园总体要求和海岸带保护与开发管理规定，建立旅游区生态环境质量预警机制和生态环境长期动态监测与评估系统。开展“蓝色海湾”环境整治，全面恢复修复受损海岸带生态系统。开展山水林田湖草综合治理，全面提升全省资源环境承载力。积极参与“蓝旗海滩”评定，率先开展我国优质海滩标准研究。

（二）构建生态旅游产品体系

4．做精做强海洋生态旅游。根据“一带一区一圈”（“一带”为环岛绿色海岸旅游带，“一区”为远海蓝色旅游特区，“一圈”为泛南海金色旅游经济合作圈）的海洋生态旅游发展空间格局，优化环岛滨海生态旅游、拓展近海生态旅游、适度开发远海域生态旅游岛礁，扩大海洋生态旅游发展空间。打造海洋观光、海洋休闲娱乐、海洋运动、海洋康养、无居民海岛探险、海洋文化科普、邮轮游艇旅游、海洋赛事节庆和休闲购物等海洋生态旅游产品。

5．高质量发展森林生态旅游。重点发展热带雨林国家公园生态旅游，在生态保护红线内的热带雨林国家公园非核心区适度开展雨林观光、森林文化科普、户外运动探险、雨林科考等活动以及利用原住民闲置宅基地和住宅发展度假养生民宿，在生态保护红线外围地区开发森林生态度假养生等生态旅游产品。依托国家级热带雨林资源和黎苗文化，打造集生态展示中心、生态博物馆、接待中心和生态体验点为一体，提供一站式热带雨林生态体验服务的生态旅游综合体。

6. 加快发展乡村生态旅游。依托热带农业农村等自然资源和黎苗风情等人文资源，开发传统村落遗址观光、农耕文化体验、农事活动体验、民俗文化风情体验、野外生存体验、养生度假、乡土教育、自然教育等乡村生态旅游产品。建立城乡统筹的乡村生态旅游发展格局，选择具备一定基础条件的特色小镇、渔村、渔港、岛礁、海域开展生态休闲渔业发展试点示范工作。

7. 高水平发展健康生态旅游。重点打造“一心、五区”的健康生态旅游布局[“一心”指以博鳌（乐城）-白石岭生命养护医疗休闲旅游区为核心，“五区”包括海口-澄迈-定安长寿养生休闲旅游区、兴隆-万宁（中医）养生保健休闲旅游区、三亚-陵水国际医疗养生休闲旅游区、儋州蓝洋-洋浦古盐田康养保健休闲旅游区、（保亭）七仙岭-五指山养生休闲旅游区]。开发以天然温泉、中医养生、休闲疗养功能为主的健康文化生态旅游项目，形成山水、生态、温泉、医疗和养生“五位一体”生态健康旅游模式。开展医养结合的候鸟式养老游和中医保健养生文化游。

（三）拓宽生态旅游发展空间

8. 创建生态旅游示范区。按照《国家生态旅游示范区建设与运营规范（GB/T 26362—2010）》标准，选择具备一定生态旅游示范价值的森林旅游、海洋旅游、乡村旅游和康养旅游，积极创建国家生态旅游示范区。

9. 低碳化改造升级旅游景区和度假区。鼓励景区和度假区进行低碳化、生态化改造，重点对碳排放量较高的建筑能耗、交通模式等方面进行改进，降低化石燃料使用率，构建低碳旅游吸引物。倡导低碳的旅游消费方式，重点改善餐饮住宿等方面的高碳排放问题，实现旅游与环保的有机结合。加强旅游景区和度假区低碳设计、日常节能、节水管理、废弃物减量和低碳意识等低碳行为的管理。

10. 建设生态旅游环境与科普教育场所。在具备条件的旅游景区和度假区内建设生态旅游宣教中心和环境与科普教育场所，通过影像、画册及展台、展板等宣传方式和解说系统，开展以热带雨林自然风光、黑冠长臂猿等野生动植物、黎苗民俗文化为主要内容的生态伦理教育和生态科普教育。

（四）完善生态旅游设施配套

11. 配套生态旅游设施。推进生态旅游交通基础设施建设。建设生态风景道，新建和改造提升游客驿站。在游客聚集区合理配套生态停车场。建设一批标准化、生态化的自驾车旅居车营地。支持生态邮轮游艇码头建设。完善生态旅游公共服务设施。建设由旅游咨询服务中心、旅游服务网点和志愿者服务站构成的咨询服务体系。在全省高等级公路、旅游交通环线和生态风景道规范完善生态旅游标识和服务指引标志。

12. 完善生态住宿设施。合理优化生态住宿设施布局，将住宿设施规划建设在保护地的外围地区，逐步普及绿色饭店、低碳酒店。新建的生态酒店、生态民宿和生态社会旅馆等住宿设施，在节约能源资源，减少排放和环境污染等方面具有示范效应。利用先进的生态环保技术、环保材料和清洁能源对已建住宿设施进行改造。加强宾馆生态知识、生态技能的培训，强化管理层和员工的生态意识，提高系统管理水平和生态服务技能。

（五）提倡绿色消费，提升生态旅游形象

13．塑造全省生态旅游整体形象。推出全省生态旅游形象宣传口号、宣传片和形象标识，鼓励各市县进一步挖掘当地生态特色，打造独具地域特色的生态旅游形象。创建热带雨林国家公园生态旅游品牌，发挥国际旅游消费中心的政策优势，从吃住行游购娱等旅游要素入手扩大生态优势和生态文化内涵。

14．大力实施生态旅游品牌营销战略。突出宣传推广以热带海岛为特色的海洋生态旅游、森林生态旅游、乡村生态旅游和健康生态旅游、体育探险等精品旅游产品。举办重大生态旅游节庆、体育赛事活动，突出以绿色、生态、低碳为特色和主题，抓好统筹协调，增强节庆会展活动的吸引力。加大生态旅游国内外营销推广力度。建立绿色消费奖惩机制，开展绿色旅游消费奖励活动。

（六）推进生态旅游融合发展

15．实施“生态旅游+”融合发展机制。通过生态旅游与养生度假、教育产业、文化体育和高新技术等相关产业和行业融合发展，发展养生生态旅游、研学生态旅游和文体生态旅游等，促进产业创新和转型升级。加快推进区块链、移动互联网与生态旅游融合，提升生态旅游产品服务质量。

16．实施“+生态旅游”融合发展机制。依托全省各级农业科技产业园、临港产业园和医疗旅游区等园区，增加生态旅游功能，实现 1+1>2 的效益。支持企业开展生态旅游装备自主研发，按规定享受国家鼓励科技创新政策，鼓励企业自建或与高校院所联合共建生态旅游创新研发平台。

三、保障措施

（一）加强组织领导。建立生态旅游协调推进工作机制，发挥省推动旅游产业发展工作联席会议的统筹协调作用，建立综合支持保障部门和资源管理部门共同参与的工作机制。

（二）明确主体责任。省直部门与各市县政府要完善工作协调机制，加强领导、统筹兼顾、落实责任，形成齐抓共管、协同作战的工作局面。林业部门要加强林业保护与开发监督管理，积极支持林业与生态旅游融合发展，促进森林生态旅游高质量发展。资规部门要科学合理划定生态保护红线，开展生态修复和综合治理，国土空间用途管控和规划要统筹协调好生态环境保护与生态旅游发展的辩证关系。旅文部门要加强产品策划、市场促销、人才培训、公共服务配套等工作。

（三）强化政策支撑。允许土地混合利用，兼容发展生态旅游的功能，优先保障生态旅游发展用地新增建设用地指标，由市县政府在年度新增建设用地指标中统筹安排。鼓励风险投资、创业投资生态旅游项目。支持企业通过政府和社会资本合作模式投资、建设、运营生态旅游项目。加强生态旅游人才培养培训。

（资料来源：海南省推动旅游产业发展工作联席会议办公室．关于印发《海南省生态旅游开发保护和融合发展的实施意见》的通知．琼旅联席办〔2019〕55 号文．2019）

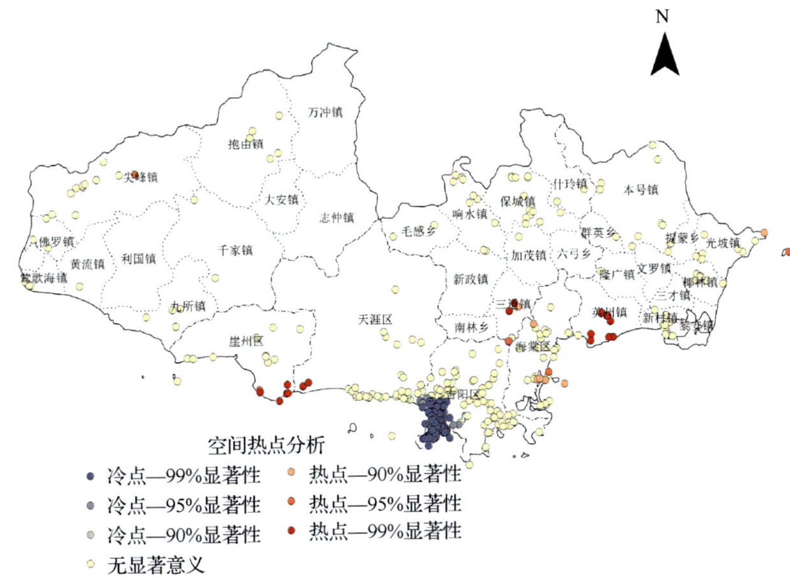

图 6.5 “大三亚”旅游景区空间热点分析示意图（2018 年）

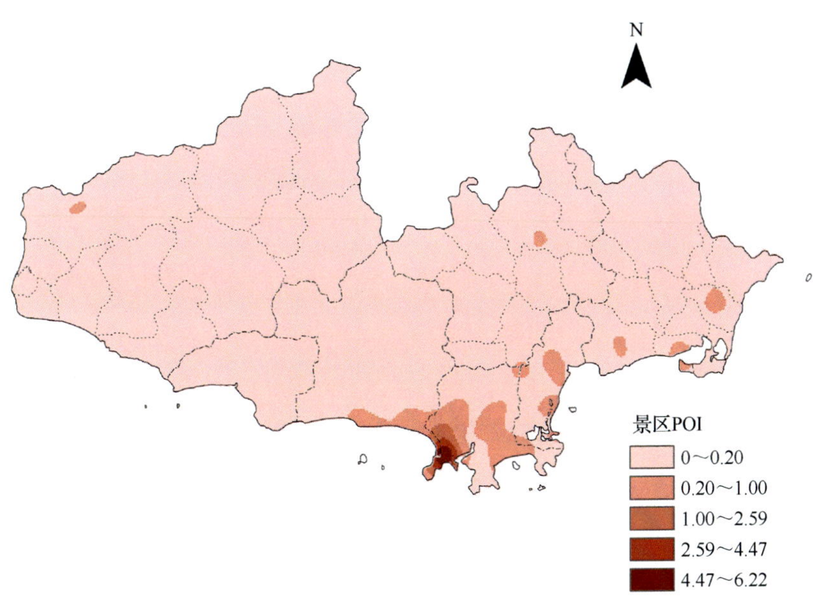

图 6.6 景区 POI 核密度图（2018 年）

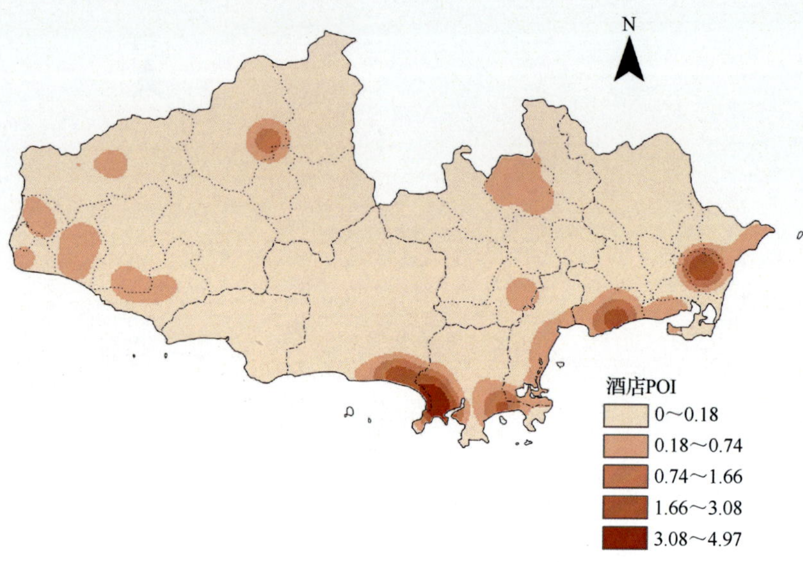

图 6.7　酒店 POI 核密度图（2018 年）

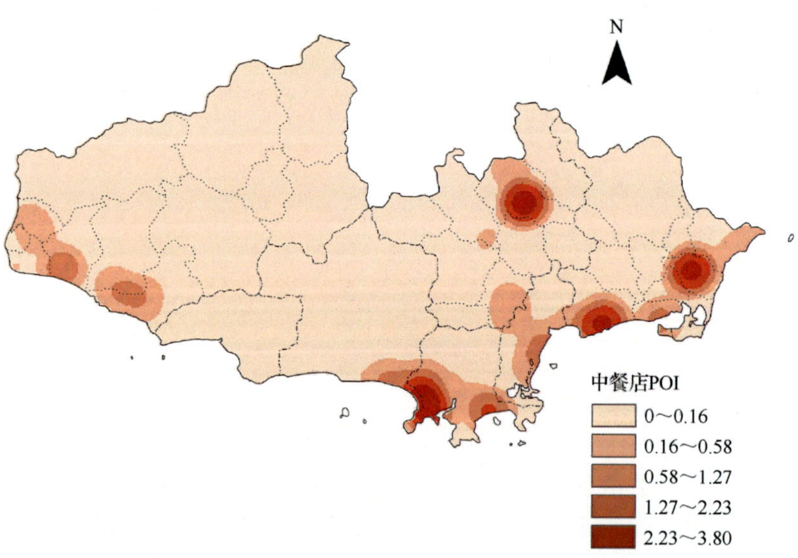

图 6.8　中餐店 POI 核密度图（2018 年）